RELATION
DE CE QVI S'EST PASSÉ en l'année 1649.

Dans les Royaumes où les Peres de la Compagnie de IESVS *de la Prouince du Iapon, publient le Saint Euangile.*

DEDIÉE A LA REYNE DE Pologne & de Suede.

A PARIS,
Chez FLORENTIN LAMBERT, ruë Saint Iacques vis à vis S. Yues. à l'Image S. Paul.

M. DC. LV.
Auec Permission.

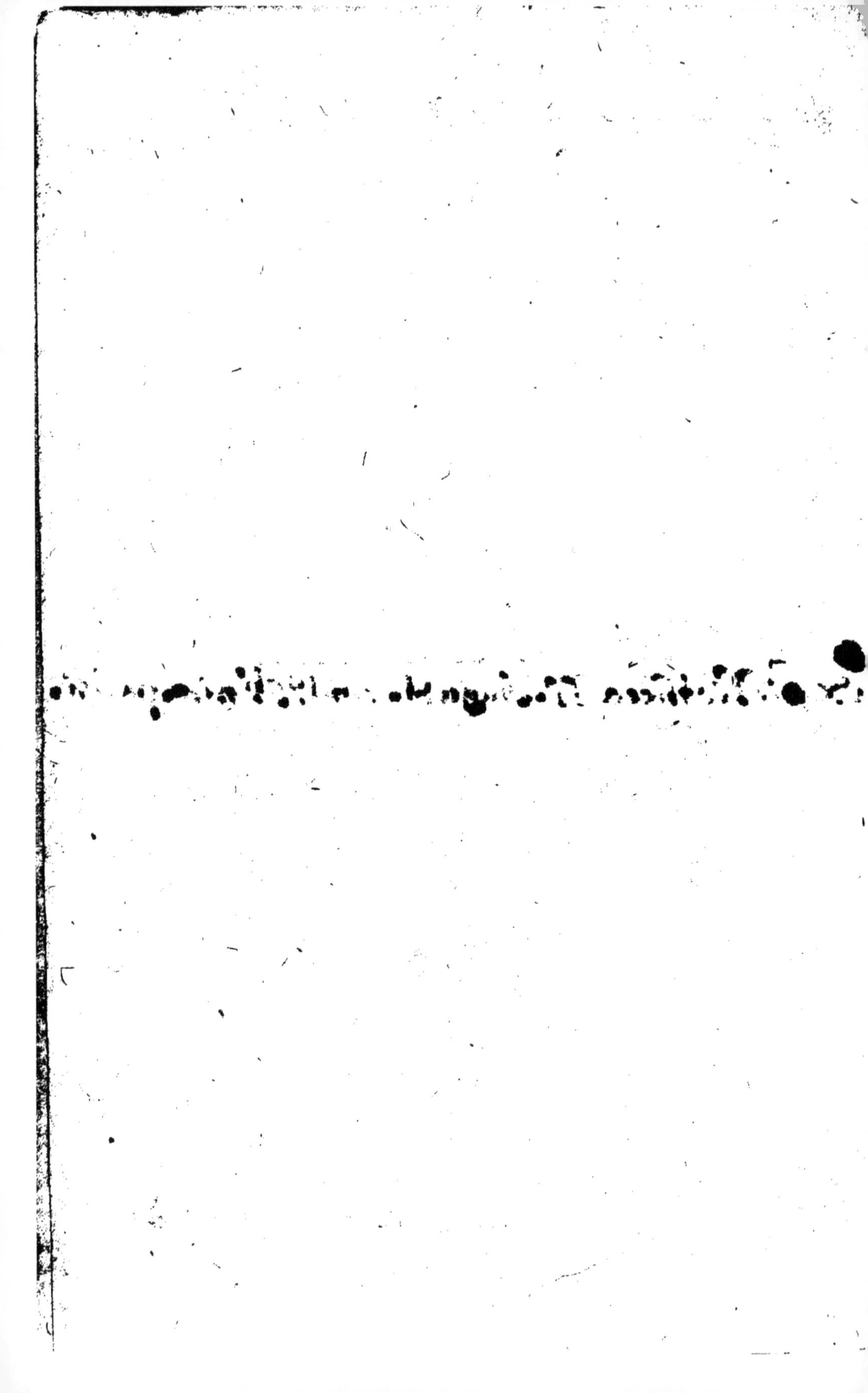

A LA SERENISSIME REYNE DE POLOGNE ET DE SVEDE.

ADAME,

Puis que VOSTRE MAJESTE' ne s'est pas contentée de faire sentir aux peuples de l'Europe, les effets d'vne magnificence vrayement Royale : Mais qu'elle a voulu encore estendre ses liberalitez iusqu'aux Empires de l'Asie les plus éloignez : il est bien iuste que nous prenions dans les extremitez du monde des occaſions de luy rendre nos hommages, & de luy témoigner nos reconnoiſſances.

C'eſt pour cela, MADAME, *que ie preſente auec vn tres-profond reſpect cette Relation à voſtre Majeſté; afin que tous ceux qui la liront, à deſſein de connoiſtre les progrez de l'Euangile; apprenans que nous luy ſommes obligez de noſtre eſtabliſſement dans les trois principales villes de la Perſe, ils confeſſent que vous auez plus de paſſion pour augmenter l'Empire de Ieſus-Chriſt, que les autres Princeſſes ne deſirent d'accroiſtre leur domination. Certainement, il faudra qu'ils reconnoiſſent que la Perſe eſt plus obligée à V. M. qu'à ces conquequerans, qui l'ont portée à ce faiſte de grandeur, où elle s'eſt maintenuë durant le cours de tant de ſiecles. Car, apres tout, elle n'eſt redeuable à ces Princes que d'vne grandeur ruineuſe, qui s'eſt abbatuë ſi ſouuent elle-meſme, par ſon propre poids: & qui ne l'empeſchoit pas d'eſtre;*

esclaue de l'Enfer ; lors mesme qu'elle estoit maistresse des Nations. Mais vous, MADAME, *en luy enuoyant des Predicateurs de l'Euangile, vous luy donnez moyen d'entrer dans la liberté des enfans de Dieu : & luy ouurez le chemln à la conqueste d'vn Royaume, dont la durée est eternelle. De sorte,* MADAME, *qu'autant que les biens de la grace & de la gloire sont plus excellents que ceux de la nature: autant les obligations que les peuples de la Perse ont à V. M. surpassent celles qu'ils peuuent auoir à leurs premiers Monarques : Et comme la veritable gloire est la recompense de la veritable vertu, quelque bruit qu'ayent fait ces Princes ambitieux par leurs conquestes, toute la reputation qu'ils ont euë n'est qu'vne ombre vaine : en comparaison de la gloire que cette seule action de charité vous doit acquerir. En effet toutes les ames qui se conuertiront à Iesus-Christ,* par la Predicatiõ des Peres qui ont penetré dans cét Empire, seront autant de brillans qui pareront vostre Couronne d'vn lustre plus éclattant, que les pierres les plus precieuses: & ce lustre bien loin de s'effacer par les années, croistra de iour en iour, à mesure que le nõbre des fideles s'augmentera.

Que si V. M. iette les yeux sur cette Relation: lors qu'elle verra que dans le Tunquin l'on baptise quinze mille personnes en vne année, sans doute qu'elle sentira vne ioye extreme, en se souuenant qu'elle nous a mis depuis peu de temps en état de faire des progrez dautant plus considerables: que la Perse est vn Empire d'vne consequence bien plus grande, que le Royaume de Tunquin. Outre cela, comme Dieu permet toûjours que les Chrestiens soient affligez, lors qu'ils commencent à se multiplier dans vn pays nouuellement éclairé des lumieres de la Foy, V. M. y rencontrera des sujets d'admirer le courage des Fidelles, qui endurent *la mort pour Iesus-Christ, auec vne inuincible patience. Enfin,* MADAME, *vostre bonté me fait croire que si le Pere Citadelli, Religieux de nostre Compagnie, qui est l'Autheur de cette Relation, y auoit pu descrire le naufrage que fit son vaisseau vers le Cap de bonne Esperance; apres vous estre rejouye des succez de l'Euangile, vous donneriez quelques larmes à vn accident si pitoyable. Mais Dieu n'a pas voulu qu'il échapast ce danger, quoy qu'il ne retournast en Europe qu'afin de choisir de nouueaux Predicateurs de la Loy de Jesus-Christ, lesquels il esperoit de faire entrer dans le Iapon. Le naufrage où il a esté enueloppé, semble auoir trompé ses esperances: toutesfois nous auons grand sujet de croire qu'elles seront accomplies; puis que nous apprenōs par les dernieres nouuelles de ce pays, que l'Empereur qui a persecuté si long-temps les Chrestiens de cette Eglise a laissé vn successeur, qui rappelle les Portugais, &*

& les Peres de nostre Compagnie. Ainsi en mesme temps que nous allons prescher l'Euangile dans la Perse par le secours de V. M. on recommencera à le publier auec plus de liberté dans ces Royaumes, où la persecution a esté si cruelle & si sanglante. Mais, MADAME, *en quelque endroit du monde que nous soyons, nous aurons toûjours pour V. M. les sentimens de respect & de veneration, que nostre Compagnie doit auoir pour vne des plus grandes Reynes du monde; laquelle nous a protegez auec vne bonté extréme dans toutes les occasions qu'elle en a eu. Pour moy, bien que ie sois le moindre de tous les Iesuites, il n'y en à point à qui ie voulusse ceder l'auantage de se dire auec plus de soumission & de reconnoissance que moy.*

MADAME,

de VOSTRE MAIESTE'

Le tres-humble, & tres-obeyssant seruiteur. ALEXANDRE DE RHODES de la Compagnie de IESVS.

RELATION DE CE QVI S'EST paſſé en l'année 1649.

Dans les Royaumes où les Peres de la Compagnie de Jeſus de la Prouince du Iapon publient le ſaint Euangile.

PREMIERE PARTIE.

De l'Egliſe du Iapon.

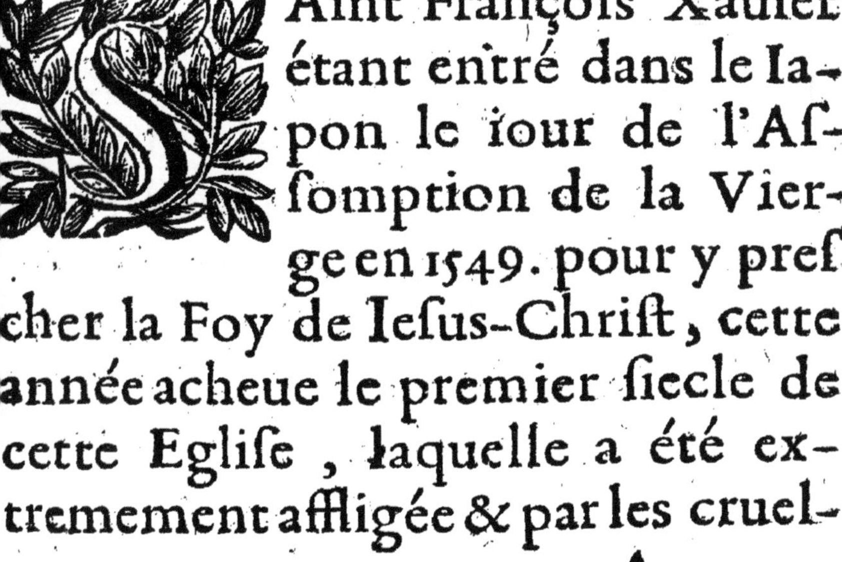

SAint François Xauier étant entré dans le Iapon le iour de l'Aſſomption de la Vierge en 1549. pour y preſcher la Foy de Ieſus-Chriſt, cette année acheue le premier ſiecle de cette Egliſe, laquelle a été extremement affligée & par les cruelles persecutions des ennemis de l'Euangile, & parce que l'on n'a pas pû faire passer dans ces Isles vn assez grand nombre de personnes pour y assister les fidelles. La perte de plusieurs vaisseaux qui ont fait naufrage sur ces mers, & les tempestes épouuentables qui durant les trois dernieres années ont renuersé vne grande partie de l'Eglise & du College de Macao nous ont mis dans cette impuissance. La Prouince étant beaucoup engagée par les grandes debtes qu'elle a été obligée de faire, & le nombre des Religieux de nostre Compagnie, qui y trauaillent, étant reduit à 41. Prestres & 12. Freres, il est difficile d'ayder tant de peuples qui sont répandus dans des lieux d'vne si vaste estenduë: toutesfois on ne laisse pas de conſeruer dans cette Prouince les Miſſions des Royaumes de la Cocinchine, du Tonquin, d'Haïnam, de Camboya, de Laos, de Macazar & de la ville de Malaca. Celle du Iapon, qui eſt la premiere & la plus conſiderable, & qui donne le nom à toute la Prouince, eſt la plus abandonnée, n'y ayant preſque point de Ieſuite qui y ait échapé la mort durant la perſecution : mais tandis que Dieu nous fera la grace de perſeuerer dans les ſentimens qu'il nous a donnez, il n'y aura point de moyen que nous ne mettions en vſage pour remedier à ce mal.

Certes la principale fin pour laquelle noſtre Prouince m'a choiſi pour venir en Europe en qualité de Procureur, a eſté de faire repreſenter à noſtre Reuerend Pere General les moyens dont il peut se seruir afin de restablir cette Mission; ce qui luy sera d'autant plus facile que nous apprenons par les dernieres nouuelles que les orages ne sont plus si furieux au Iapon, qu'ils étoient auparauant. Lors que l'on me donna cette charge, il y auoit à Macao grand nombre de Chrestiens Iaponois qui auoient été chassez de leur pays, & dépoüillez de tous les biens qu'ils y possedoient. Comme ils sceurent cette nouuelle, ils s'assemblerent pour deliberer de ce qu'ils auoient à faire dans cette rencontre: & en suite les principaux me vinrent supplier d'agir fortement pour les interests de l'Eglise du Iapon, & me donnerent des lettres pour presenter à sa Sainteté, dans lesquelles ils luy proposoient les moyens de la rendre florissante. Ils me prierent encore de remercier de leur part le Roy de Portugal, de l'Ambassadeur qu'il auoit enuoyé au Iapon, & de luy demander la protection que les Rois ses Ayeuls n'ont pas refusée aux Chrestiens de ces Royaumes, auec laquelle ils esperent de voir triompher la Foy de Iesus-Christ dans le Iapon, comme elle a fleury durant le regne de ses Ancestres. Enfin ils me coniurerent de dire à nostre Pere General, qu'ils le prioient tres-ardemment d'encourager les Superieurs de cette Prouince à surmonter tous les obstacles qui s'opposeroient au dessein que l'on a de continuer ces glorieuses conquestes que l'on a commencées dans le Iapon : parce que l'entrée n'en est pas si absolument fermée aux

Predicateurs de l'Euangile, qu'on ne puiſſe y penetrer par les moyens qu'ils ont propoſez. Pour moy i'eſpere qu'à mon retour nous y entrerons, pourueu que nous prenions de loin nôtre courſe, & que nous eſſayons d'y aborder par diuers endroits. En attendant que nos eſperances s'accompliſſent, ie m'en vais marquer en peu de mots ce que nous auons appris de l'eſtat de cette Egliſe.

Il y auoit les années paſſées trois Peres & vn Frere de nôtre Compagnie; mais nous ne ſçauons pas ce qui leur eſt arriué, à cauſe que le commerce a tout à fait ceſſé: & pour cette meſme raiſon, il eſt difficile d'apprendre des choſes bien particulieres de l'eſtat de cette Miſſion. Le plus aſſeuré eſt que l'on y pourra bien-toſt entrer auec plus de facilité, à cause du changement qui menace cet Estat, ou par la mort du Roy, qui est extremement affligé du mal de saint Lazare, ou par les guerres ciuiles qui commencent à troubler l'Empire. Les Hollandois, qui ont entrée dans ces Isles, rapportent qu'il y a plusieurs Princes qui par l'amour de la nouueauté souhaitrent de trouuer l'occasion de remüer. Que l'on continuë d'y persecuter les Fidelles, quatre-vingts Iaponois ayant esté martyrisez dans vne ville où ils se sont rencontrez. Que dans cette trouppe il y auoit vne femme âgée d'enuiron soixante ans qui étoit Chrestienne depuis trente années, quoy qu'elle ne fut pas connuë, & qu'elle a genereusement enduré la mort à laquelle elle a été condamnée parce qu'on luy a trouué vne croix qu'elle portoit. Enfin ils disent qu'vn Prestre Iaponois de nation, s'estant repenty de la foiblesse qu'il auoit fait paroistre en renonçant à la Foy, a souffert glorieusement le martyre. Comme i'appris ces nouuelles de nos Peres du Tonquin, qui les auoient sceuës des Hollandois; ayant tasché de découurir les particularitez de cet euenement, ie reconnus que c'estoit vn Prestre seculier nommé Thomas Sama qui receut les saintes Ordres à Rome du temps de Paul V. où ce Iaponois menoit vne vie si exemplaire, que le Cardinal Bellarmin trouuant beaucoup de consolation à l'entretenir & à dire auec luy son Office, il le faisoit souuent appeller pour cet effet. Estant retourné au Iapon en resolution d'y deffendre la sainte Foy, comme il y fut arriué, l'apprehension des tourmens que l'on faisoit souffrir aux Chrestiens, luy fit perdre courage : si bien qu'oubliant le deuoir d'vn Prestre & d'vn Chrestien, par vn secret, mais iuste iugement de Dieu il tomba dans l'Apostasie, & de deffenseur de Iesus-Christ, deuint son ennemy. Il demeura trente ans dans vn état si funeste, mais enfin l'année 1649. nostre Seigneur l'en retira ; lors qu'il estoit present au martyre de quatorze Chrestiens qui souffrirent genereusement la mort pour la deffense de la Religion. Assistant à ce spectacle, il fut si changé par les mouuemens de la grace, qu'il commença à blasmer à haute voix l'aueuglement & la cruauté des Ministres de la Iustice qui condamnoient à la mort des perſonnes innocentes. Les Bonzes & les Soldats qui eſtoient preſens, ne purent le faire taire, car il étoit ſi viuement touché du ſaint Eſprit, qu'il ſe mit à raconter & à deplorer ſon aueuglement paſſé, & à proteſter que pour reparer l'offenſe qu'il auoit faite à Ieſus-Chriſt, & pour oſter le ſcandale qu'il auoit donné à ſes ſeruiteurs, il étoit preſt d'endurer tous les ſupplices que la rage du tyran auoit inuentez, pour tourmenter les Fidelles. Les Iaponois ennemis de noſtre Religion, voulant empeſcher que cette action n'éclataſt, le traitterent comme vn fol: mais luy ſe ſouuenant de la repartie que ſaint Pierre fit aux Iuifs dans vne pareille rencontre, & voulant imiter ſa conduite, leur répondit, qu'il étoit bien vray qu'il auoit passé les trente dernieres années de sa vie dans vne folie extréme: mais que Dieu luy ayant ouuert les yeux il parloit auec plus de liberté d'esprit qu'il n'auoit iamais fait, & qu'il prioit ceux qui l'auoient suiuy dans l'erreur, de retourner en sa Compagnie dans le chemin du salut. Qu'il n'y en auoit qu'vn seul asseuré, qui estoit la Religion Chrestienne, & que pour prouuer cette verité il endureroit auec ioye tous les tourmens dont l'apprehension l'auoit fait autrefois tomber dans l'Apostasie. Les Officiers qui se trouuerent presens à cette action en ayant aduerty les Daxoias, qui iugent des affaires en dernier ressort, ce saint Prestre fut obligé de se presenter deuant leur tribunal, mais il leur parla auec vne si grande liberté, & fit paroiſtre tant de conſtance, que ces Iuges ne pouuant le faire changer de reſolution, conclurent qu'il falloit le lier comme vn furieux. Ce martyr de Ieſus-Chriſt eut bien ſouhaitté d'eſtre mené dans les places publiques afin d'y preſcher la doctrine de ſon Maiſtre, mais on ne voulut pas luy accorder cette grace, de peur qu'vn changement ſi extraordinaire ne produiſiſt quelque dangereux effet, ſi les Chreſtiens, qu'ils ſçauent eſtre en grand nombre, venoient à ſe declarer. C'eſt pourquoy il fut conduit dans la priſon, où ils eſſayerent par toute ſorte de moyens de le faire dédire: mais ayant reconnu la ſeconde fois qu'ils le firent paroiſtre deuant eux, qu'il eſtoit touſiours auſſi ferme qu'auparauant, ils le renuoyerent dans la priſon où il eſt mort pour la deffense de la Foy. Quelque recherche que les Chrestiens Iaponois ayent faite, pour sçauoir s'il a finy sa vie par la rigueur du froid & de la faim, ou par la violence de quelque autre supplice, iamais on n'a pû apprendre rien de particulier, non plus que de la mort d'vne trouppe de trente-six Chrestiens qui furent martyrisez en l'an 1648. & de celle de quarante autres qui moururent aussi pour la Foy en l'année 1649. Cette difficulté que nous auons à découurir les particularitez de ces illustres martyres & des rigueurs de la persecution qui furent augmentées en l'année 1646. vient de ce que les passages sont fermez aux Portugais, & que les Hollandois qui ont entrée dans le Iapon ne se mettent pas en peine d'en demander les circonſtances. I'eſpere toutefois que nos Peres du Tunquin m'en donneront vne connoiſſance plus exacte, par les premieres lettres que i'en receuray. En attendant que cela ſe faſſe, ie marqueray icy en peu de mots les choſes les plus conſiderables, que le Pere Marin de noſtre Compagnie nous eſcrit des affaires du Iapon, dans vne lettre du mois de May de l'an 1647. qui eſt couchée en ces termes.

Les Chinois, qui ont eſté bannis du Iapon, rapportent que l'an paſſé cent trente Chreſtiens furent pris à Nangaſaqui, & que de ce nombre il y en eut trente qui ſouffrirent le martyre, & entre autres vn Pere de noſtre Compagnie, Iaponois de nation, qui auoit veſcu caché pluſieurs années dans vne maiſon de Bonzes. I'ay encore appris des mesmes Chinois que le Pere Conix qui estoit aussi Iaponois, auoit esté martyrisé depuis trois ans, apres auoir enduré des trauaux incroyables & s'estre mis durant plusieurs années tous les iours en danger de perdre la vie, afin de pouuoir assister les Chrestiens de cette Eglise. Dans le Royaume de Surunga, où estoit autrefois la Cour de Daifusama, on a découuert vne mine d'or. Le Tono, à qui appartient la terre où on l'a trouuée, en a offert vne partie à l'Empereur qui l'a acceptée comme vn tribut duquel ce Seigneur ne pouuoit se dispenser, sans manquer à la fidelité : mais en recompense de cette action il luy enuoya dire, qu'il gardast cette mine, apres auoir declaré qu'elle luy appartenoit par le souuerain pouuoir qu'il s'attribuë sur tous les Royaumes du Iapon. Il y a eu à Vomura vn espouuentable tremblement de terre qui a fait ouurir vne montagne. On y a troué deux cercueils où les Chrestiens auoient mis durant la premiere persecution les corps de deux martyrs, auec vne inscription Latine conceuë en ces quatre lettres X. E. X. I. Ces saintes reliques ont esté brûlées par le commandement de l'Empereur. On dit que ce Prince ayant donné cet ordre, s'éueilla plusieurs fois pendant la nuit, criant aux armes comme vn furieux, & que son fauory luy demandant la cause de ses inquietudes, il répondit, qu'il auoit veu durant le sommeil vne armée de Chrestiens qu'il auoit fait mourir, qui venoit pour luy oster la Couronne. On esperoit que ces prodiges

diges adouciroient le naturel de cet Empereur, mais il eſt ſi aueuglé qu'il en deuient plus ſuperbe, & s'efforce par toute ſorte de moyens de ſe faire adorer comme le Dieu de ſon Empire. Il eſt ſi ſuperſtitieux, qu'il fonde la fermeté de ſon Royaume ſur les tremblemens de la terre, s'imaginant qu'elle n'ouure ſes entrailles, que pour luy découurir les corps des Chreſtiens qu'elle enferme dans ſon ſein, afin qu'il les faſſe conſumer par le feu.

Outre cette lettre du Pere Macin, i'en ay receu d'autres d'vn Iaponois qui eſt en la Cocinchine, par leſquelles il me donne aduis, que l'on ne fait plus de ſi rigoureuſes recherches dans les Ports du Iapon; que certaines marchandiſes qui y auoient eſté deffenduës, y ont cours à preſent, & que les Marchands de Nangaza qui ayant preſenté requeſte, afin d'auoir permiſſion de nauiger hors du Iapon, ils eſperent vne reſponſe fauorable, puis qu'on ne leur a pas refuſé ouuertement ce qu'ils demandoient. Voila tout ce que i'ay pû apprendre touchant l'eſtat du Iapon, il faut maintenant traiter des autres Miſſions qui dépendent de cette Prouince, deſquelles ie puis parler auec plus de connoiſſance, parce que i'en ay ſceu l'eſtat de la bouche meſme des Peres qui y ſont employez, qui m'en ont inſtruit à Macao, lors qu'ils s'y aſſemblerent pour y tenir la Congrégation.

II. PARTIE.

De l'Eglise de la Cocinchine.

DEPVIS que les Peres sortirent de ce Royaume au mois de Iuillet de l'ã 1648. il est devenu encore plus puissant & plus riche qu'il n'estoit ; par le nouueau commerce que les Chinois qui y demeurent, font dans les Isles du Iapon, où ils conduisent tous les ans sept ou huict grands vaisseaux chargez d'estoffes de soye; & d'où ils rapportent beaucoup d'argent outre les marchãdises qui leur sont les plus commodes. Ce trafic, que les habitans de la Cocinchine font dans le Iapon, est tres-auantageux aux Marchands de Macao, qui ne pouuant continuer leur commerce dans la Chine, à cause des guerres horribles qui ont renuersé cet Empire, trafiquent dans la Cocinchine auec leurs Caixas, qui sont des pieces de cuiure que les peuples de ce Royaume estiment plus que la monnoye d'or & d'argent : au lieu qu'elles n'ont plus de cours dans la Chine, parce que l'on y a battu de nouuelles especes. L'estime que ces peuples font des Caixas vient de la coustume qu'ils gardent de mettre dans les tombeaux des morts de ces pieces de monnoye, afin qu'ils en puissent payer en l'autre monde le tribut à leur Roy. Les naturels du païs estant superstitieux de cette sorte, les Marchands qui trafiquent au Iapon, dans le Royaume de Camboya, dans la nouuelle Hollande, & dans les autres Ports de l'Orient, ſont obligez d'auoir de cette monnoye, pour en acheter les marchandiſes des ouuriers.

Le Roy qui void ce grand abord de vaiſſeaux qui arriuent de tous coſtez dans ſes Ports, & les auantages que ſes Eſtats retirent du commerce, deuient tous les iours plus ſuperbe; & quoy qu'il ſoit enuironné du coſté de la mer & de la terre par des ennemis puiſſans, il eſt ſi enflé par la proſperité, qu'il attaque les vns & menace les autres. Au mois de Decembre de l'an 1648. il enuoya deux mille ſoldats ſur la frontiere des Laos, pour ſe venger de ceux qui auoient fait mourir quelques Marchands de la Cocinchine qui paſſoient par leur païs. Son entrepriſe luy ayant heureuſement ſuccedé, en contraignant tous les villages de luy payer contribution, il ne ſe contenta pas de ce premier auantage, mais y renuoya quatre mille hommes diuiſez en deux corps, dont le premier arriua en vingt iours de chemin dans la Prouince de Laçon qui eſt vne des meilleures Prouinces des Laos, où le Roy fait ſa reſidence. Cette trouppe eſtant arriuée, n'attendit pas que la ſeconde fut venuë, mais ſans differer tenta le hazard de la bataille, où la fortune luy fut ſi fauorable, qu'apres auoir taillé en pieces l'armée ennemie, elle fit vn riche butin, ſans épargner les ſtatuës des Pagodes, que les ſoldats firent fondre pour en auoir le cuiure dont elles ſont faites. Apres cette ſeconde victoire les Cocinchinois ſe retirerent auec peu de perte; mais non pas ſans apprehenſion de la valeur de leurs ennemis, laquelle ils auoient éprouuée dans cette bataille, reconnoissant qu'ils seroient inuincibles, si leur experience dans l'Art Militaire égaloit la force de leur courage. Le Roy de la Cocinchine s'estant vengé de cette façon du Roy des Laos, à cause qu'il le soupçonnoit d'auoir promis passage au Roy de Tunquin pour entrer dans la Cocinchine, il attend vne occasion fauorable pour faire le mesme traitement au Roy de Ciampa, qui a fait aussi mourir quelques Marchands de la Cocinchine.

On a desia sceu comment les Portugais, & les autres Marchands de Macao ayant esté arrestez & mis en prison par les ordres du nouueau Roy, les Peres qui y preschoient l'Euangile, receurent commandement de se retirer: mais on n'auoit pas encore découuert la veritable raison que le Roy auoit eu de faire mourir le Capitaine Dominique Correa natif du Iapon, & vn ieune Tunquinois, tous deux Chrestiés. L'esperance qu'on auoit donnée à ce Prince de gagner par ce moyen l'Empereur du Iapon, qui se tiendroit obligé, s'il persecutoit les Chrestiens & les Portugais ses ennemis, luy fit prendre cette resolution : mais il ne reüssit pas dans son dessein. Car l'Empereur du Iapon qui s'estime comme vn petit Dieu, luy témoigna par le mespris qu'il fit de ses Ambassadeurs, qu'il le iugeoit indigne de son alliance. Cependant les Peres ne furent pas plustost arriuez à Macao, que les Superieurs touchez par les prieres que les Chrestiens de la Cocinchine leur faiſoient, ſe reſolurent de les y renuoyer. Mais les Portugais apprehendant d'irriter d'auantage le Roy s'ils les conduiſoient dans la Cocinchine, témoignerént qu'ils ne pouuoient les receuoir dans leurs vaiſſeaux. Ces difficultez obligerent les Peres de paſſer dans le Royaume de Camboya, pour y attendre l'occaſion fauorable d'entrer dans la Cocinchine. Durant l'abſence des Peres, les Bonzes de la Cocinchine voyant que le nombre des Chreſtiens s'augmentoit touſiours, reſolurent de les rendre odieux par leurs artifices. L'vn d'entr'eux qui demeuroit à la Cour de Cachan, où le Roy faiſoit pour lors ſon ſejour, fit ſemblant de vouloir eſtre Chreſtien ſi on luy monſtroit que la Loy de Dieu eſtoit plus conforme à la raiſon, que la ſienne. Pour cet effet il fit parler à vn Chreſtien, qui durant l'abſence des Predicateurs de l'Euangile, contribuoit le plus à la propagation de la Foy. On le preſſe plusieurs fois d'aller chez le Bonze pour conferer auec luy. Le Chreſtien s'y tranſporte & paſſe la iournée auec le Bonze en preſence de pluſieurs Infidelles, qui loüerent le Dieu qui auoit fait vne Loy auſſi ſainte qu'eſtoit celle dont il propoſa les maximes. Le Bonze irrité du mauuais ſuccés de ſa diſpute, s'offrit de prouuer par miracles la verité de ſa Religion, & promit de faire mourir ſur le champ celuy qui la décrioit. Le Chreſtien ſe rit de la vanité de cet homme, lequel ne pouuant obtenir de ſes Idoles qu'ils fiſſent mourir ſon aduerſaire, s'excuſa ſur ce que le Chreſtien eſtoit vn demon. Les Infidelles qui eſtoient preſens trouuerent cette excuſe ſi peu raiſonnable, qu'ils s'éclatterent de rire. En ſuite dequoy, le Bonze pria le Chreſtien de retourner le lendemain; lequel s'y eſtant accordé, la Conference recommença le iour ſuiuant en preſence non ſeulemẽt de pluſieurs Infidelles; mais encore de grand nombre de Chreſtiens. Au lieu que la premiere diſpute s'étoit faite dans la maiſon du Bonze; on alla cette ſecõde fois dans la place publique, où le Bonze promettoit de ſe rendre, ſi on le pouuoit conuaincre ſur la fauſſeté de ſa Religion : mais ayant eſté malmené comme la premiere fois, il fut auſſi opiniaſtre dans ſon erreur qu'il l'auoit eſté auparauant. On deuoit s'aſſembler vne troisiéme fois pour le mesme sujet : mais la Conference fut rompuë, parce que les Chrestiens furent aduertis que les Bonzes, pour se venger de la confusion qu'ils auoient euë dans ces deux disputes, employeroient la force pour les perdre. Le Roy mesme ayant appris ce qui s'estoit passé ; quoy qu'il ne suiuist pas le conseil de quelques Mandarins qui le portoient à faire emprisonner le Chrestien qui auoit parlé dans ces deux rencontres, ne laissa pas de deffendre l'exercice de la vraye Religiō en presence de toute sa Cour. Bien que le Roy n'eut point fait publier d'Edict contre les Chrestiens ; toutefois la deffense qu'il auoit faite, donna la hardiesse aux ennemis de la vraye Foy, de faire de la peine à ceux qui l'auoient embraſſée. Mais cette perſecution n'ayant pas duré, les Chreſtiens continuerent comme auparauant l'exercice de la Religion, meſmes dans le Palais Royal où ils s'aſſembloient les Feſtes & les Dimanches pour y faire leurs prieres. Il arriua ſeulement durant cette perſecution vn accident qui merite d'eſtre remarqué. Vn Chreſtien s'eſtant trouué parmy des Villageois Infidelles qui celebroient vne Feſte à la façon du païs, comme on alla adorer l'Idole, le Chreſtien ſe ſepara des autres, de quoy le plus conſiderable de la trouppe s'eſtant apperceu, luy donna trois grands coups de baſton, & entr'autres vn ſur la teſte. Le Chreſtien eſtant retourné en ſon logis, fut obligé par la violence de la douleur de garder le lict quatre ou cinq iours, mais ayant senty vn peu de soulagement, il se leua pour regler les affaires de sa maison, & ayant esté debout quatre iours, retomba pour la seconde fois, & mourut vn mois apres le mauuais traittement que cet Idolatre luy auoit fait.

En ce mesme temps l'Eglise de la Cocinchine fut affligée par le trespas de la Reine Marie Tante du Roy deffunt, & Mere de celuy qui regne à present. Les Chrestiés ont beaucoup perdu par la mort de cette Princesse qui les protegeoit dans leurs afflictions, & qui auoit vn grand zele pour gaigner les ames à Iesus-Christ. Le soin particulier qu'elle prenoit de reseruer beaucoup d'eau beniste, afin de la distribuer aux Fidelles qui s'en seruent auec Foy, donna ſujet à vn de ſes petits fils d'accuſer les Chreſtiens d'vn crime horrible: Ce Prince ayant trouué dans le cabinet de ſon Ayeule, les vaſes d'eau beniſte, & quelques linges marquez du ſang des martyrs, publia par tout que l'eau beniſte des Chreſtiens eſtoit vn ſortilege composé des pieds & des mains que l'on auoit couppez à de petits enfans. Ce bruit rendit les Chreſtiens extremement odieux; mais l'autheur de ce menſonge reſſentit bien-toſt les effets de la vengeance du Ciel par la mort, à laquelle il fut condamné vn mois apres, à cauſe d'vne action infame qu'il auoit commiſe auec la Tante du Roy. On a reproché encore aux Fidelles de la Cocinchine qu'ils ſe ſoüilloient dans leurs aſſemblées nocturnes, par les meſ-

mes impuretez qui furent objectées aux Chreſtiens de la primitiue Egliſe: mais ces nouuelles accuſations ne ſont pas moins fauſſes que les anciennes, ayant toûjours le meſme autheur qui eſt le pere du menſonge. Cependant que le Diable s'efforçoit ainſi de rendre infame noſtre ſainte Foy, il ſe trouua dans les Prouinces vn Chreſtien qui n'ayant pas voulu ſouffrir que l'on vſaſt de ceremonies ſuperſtitieuſes, lors que l'on rendoit les derniers deuoirs à vn de ſes Oncles qui eſtoit mort dás la profeſſion du Chriſtianiſme, fut mis en priſon pour ce ſujet. Il endura ſi genereuſement ſa captiuité & auec tant de plaiſir, qu'il refuſa d'accepter les offres de ſon fils qui vouloit prendre ſa place pour luy obtenir la liberté. Voila
de

de qu'elle maniere les Chreſtiens ſe comporterent, lors que les Peres eſtoient abſens, qui furent grandement conſolez lors qu'on leur apprit que cette Egliſe auoit eſté augmentée de cinq cens nouueaux Chreſtiens, qui auoient receu le Bapteſme durant leur abſence.

Mais enfin ces Predicateurs de l'Euangile trouuerét moyen d'entrer dans la Cocinchine; quoy que ce ne fut pas ſans difficulté. Des Pilotes Infidelles de Camboya leur ayant promis de les y conduire, allerent conſulter leurs Idoles pour apprendre le ſucez de leur voyage. La reſponſe qui ne fut pas fauorable les determina à ne ſe point embarquer: ſi bien qu'ils tromperent ainſi l'eſperance des Peres, qui ne purent iamais les faire changer de resolution. Il fallut donc attendre vne autre occasion, laquelle se presenta heureusement quelque tẽps apres. Car vn Mandarin Iaponois qui estoit Chrestien les receut dans son vaisseau, & les mit à terre apres quarante iours de nauigation. Aussi tost qu'ils furent arriuez, on donna auis au Roy de leur venuë, & du present qu'ils luy vouloient faire. Le Roy s'en réjoüit, & s'estant fait apporter le present, accorda la permission que le Pere Visiteur demandoit de venir à la Cour, pour le saluer. Le Pere y estant allé fut receu de ce Prince auec beaucoup de marques de bonté, & se retira ensuitte chez vn Armenien, où il pouuoit aider auec plus de facilité les Chrestiens qui venoient de tous costez pour receuoir les Sacremens. La nuict le Pere changeoit ſouuent de logis, afin de ne point irriter les ennemis de la Foy, s'ils s'apperceuoient de ce qui ſe paſſoit; & toutefois il ne laiſſa pas auec cette reſerue de baptiſer en peu de temps ſix vingts nouueaux Chreſtiens. Entre ceux-là il y eut trois hommes doctes, leſquels eſtant allez durant la nuict au logis du Pere, pour l'entretenir du mouuement des Cieux, furent touchez du ſaint Eſprit, & s'eſtant fait inſtruire des maximes de la Foy receurent le Bapteſme. Il y a pluſieurs Mandarins à la Cour que Dieu diſpoſe peu à peu à receuoir la meſme grace. Entre les autres il y en a vn qui a commencé à ouurir les yeux à la verité, par la rencontre que ie m'en vais dire. Sa femme auoit eu plusieurs enfans ; mais elle n'auoit pû en éleuer aucun. Le dernier dont elle accoucha fut mis entre les mains d'vne nourrice Chrestienne, qui persuada aux parens de le faire baptiser. Son conseil fut suiuy, & l'enfant s'estant tousiours bien porté, le pere & la mere attribuerent cet effet à vne vertu diuine. Le Pere estant allé depuis à la Cour, le Mandarin luy rendit visite, & le pria de venir en son logis. Le Pere y estant allé trouua dans vn cabinet vn Crucifix que le mary & la femme adoroient, sur quoy les ayant exhortez à receuoir le Baptesme, le Mandarin luy respondit, que le respect qu'il portoit au Roy, l'empeschoit de le faire; mais qu'il laissoit à sa femme la liberté de faire ce qu'elle voudroit. La femme s'excusa aussi sur ce qu'elle apprehendoit, que son mary ne la contraignist d'adorer le Pagode : s'il venoit par quelque rencontre à changer de sentiment.

En ce temps il y auoit à la Cour vne Chinoise Chrestienne esclaue du deffunt Roy, laquelle continuoit à seruir la seconde femme de ce Prince. Cette Chrestienne estoit fort mal traittée de sa Maistresse qui auoit en horreur les Chrestiens, à cause des crimes dont ils auoient esté accusez par la renommée. On conseilla à cette fille de presenter à la Reine vn Catechisme. La Reine l'ayant leu en fut touchée, cessa de maltraitter cette esclaue, & depuis enuoya visiter le Pere lors qu'il alloit à la Cour, lequel desirant de gaigner à Dieu cette Princesse, luy enuoyoit des Liures où les mysteres de nostre Religion estoient expliquez. Apres que la Reine les eut leus, elle les mit dans son cabinet: afin que le Roy y venant elle pust les luy faire lire, & par cette lecture luy oster la mauuaise opinion qu'il auoit des Chrestiens. Au commencement de la seconde persecution, le Pere l'enuoya prier de rendre les Liures qu'elle auoit; mais elle refusa de le faire, disant qu'elle prenoit grand plaisir à les lire. Cette Princesse parla en faueur des Peres, & employa son credit pour faire cesser cet orage; mais il en faut voir auparauant la cause.

Les Chrestiens sçachant que si l'on accordoit aux Predicateurs de l'Euangile vne residence libre à la Cour, les peuples qui se reglent ſur l'exemple du Roy, les entendroient volontiers dans les Prouinces, iugerent qu'il falloit taſcher par tous moyens d'obtenir cette grace du Roy. Comme l'on attendoit l'occaſion de parler de cette affaire, vn Mandarin parent du Roy, alla trouuer le Pere Sacano Superieur de la Miſſion, auquel il découurit le deſſein qu'auoit le Roy, de ſe rendre Maiſtre du Royaume de Tunquin. Ce Mandarin promit au Pere que le Roy luy accorderoit tout ce qu'il pourroit deſirer, pourueu qu'il luy marquaſt les endroits par où il deuoit attaquer ſon ennemy. Le Pere s'excuſa ſur ſa profeſſion qui l'éloignoit de ces conſeils de guerre. Cependant le Pere ne laiſſa pas de dreſſer vne Requeſte pour la preſenter au Roy, qui la receut auec beaucoup de demonſtrations d'amitié, remerciant touſiours le Pere des preſens qu'on luy auoit fait. Mais ce n'eſtoit pas ce que l'on deſiroit. Quelque temps apres, vn autre Mandarin qui auoit eſté Precepteur du Roy, parla encore au Pere du deſſein que le Roy auoit, & le preſſa de luy dire le temps qu'il falloit prendre pour auoir vn heureux ſuccés de cette entrepriſe, s'imaginant que par la ſcience de l'Aſtrologie, il pouuoit luy découurir ce ſecret: mais le Pere le deſabuſa en luy remonſtrant qu'il n'y auoit que Dieu ſeul, de qui dépendoit l'execution de tous les conſeils, qui puſt penetrer dans l'auenir. Tandis que le Pere trauailloit de cette façon à obtenir vne choſe qu'il eſtimoit de grande importance pour l'Egliſe de ce Royaume, le

Demon faiſoit tous ſes efforts pour la ruiner. Il ſe ſeruit pour cet effet de la malice des Bonzes, qui ſemerent dans le Palais des papiers où l'on menaçoit le Roy de faire ſousleuer les peuples contre luy, s'il ne laiſſoit la liberté de publier la Loy des Portugais; c'eſt ainſi que les Infidelles appellent la Loy de Dieu. Cette inſolence irrita furieuſement le Roy contre les Chreſtiens, qu'il penſoit en eſtre les Autheurs : mais ſa colere n'eclatta qu'apres des accuſations qui furent formées contre des particuliers. On chargea vn Mandarin Chreſtien nommé Paul, qui auoit ſeruy les quatre derniers Rois, d'employer à faire des aſſemblées de Chreſtiens, le temps qu'il deuoit donner aux affaires du Roy. On déferа pareillement vne Chreſtienne nommée Iſabelle, à cauſe que les fidelles s'aſſembloient dans ſon logis. Ces diſcours ayant augmenté la paſſion du Roy, il fit partir vne compagnie de ſoldats pour ſe ſaiſir de Paul, d'Iſabelle & de Dauid l'Armenien, qui auoit la reputation d'eſtre vn des plus grands deffenſeurs de la Foy. Paul fut conduit le premier deuant le Roy auec vn ieune Chreſtien qui portoit le nom d'Antoine, aagé de vingt & trois ans. Le Roy ayant demandé à Paul pourquoy il ſuiuoit la Loy des Portugais, laquelle il auoit deffenduë l'an paſſé; il repartit qu'il ſuiuoit la Loy du Seigneur du Ciel, & non pas celle des Portugais. Apres quoy ce Prince le fit conduire dans la priſon, diſant qu'à cauſe qu'il eſtoit vieux, il ne le faiſoit pas mourir: Puis ſe tournant vers

Antoine, il luy fit la meſme demande, & receut auſſi la meſme reſponſe; à laquelle le Roy repliqua en luy demandant, s'il vouloit aller auec le Seigneur du Ciel. Antoine dit auec liberté qu'il le deſiroit extrémement, & auſſi-toſt le Roy commanda qu'on allaſt luy couper la teſte. Durant que cela ſe paſſoit à la Cour, les ſoldats qui s'eſtoient partagez pour aller chez Dauid l'Armenien & chez Iſabelle, entrerent inopinément dans leurs maiſons. Les vns prirent auec Dauid l'Armenien, le Pere Sacano & vn ieune homme qui le ſeruoit, & leur ayant lié les mains derriere le dos, les conduiſirent en cet eſtat par les ruës. Les autres emmenerent au Palais la vefve Iſabelle auec ſon fils aiſné qui s'appelloit Alexis, & vn ſeruiteur nommé Vincent.

Le Roy ayant mal traitté de paroles cette genereuse Chrestienne, & luy ayant reproché qu'elle donnoit entrée en sa maison à toute sorte de personnes, comme feroit vne femme débauchée, la condamna à estre exposée à la rage des Elephans en presence de tout le peuple. Apres cela il sortit du Palais pour aller sur la riuiere où les trois autres prisonniers, l'Armenien, le Pere & son seruiteur, furent conduits. Le Roy les ayant apperceus de loin, demanda si parmy ces prisonniers le Pere n'y estoit pas : & les soldats luy ayant respondu que c'estoit luy-mesme, il commanda aussi-tost qu'on le mist en liberté, apres auoir tesmoigné au Capitaine qui l'auoit pris, qu'il auoit fait en cela contre son intention. Ensuite il donna charge au Mandarin des Portugais, qui est tres-estimé dans la Cour, de bien traitter le Pere dans son logis, & de luy témoigner le déplaisir qu'on auoit de ce que les soldats auoient mis la main sur luy. Cependant Dauid l'Armenien & le seruiteur du Pere ayant esté presentez au Roy, il fit deliurer celuy-cy, & demanda au premier pourquoy il suiuoit la Loy des Portugais, laquelle il auoit defenduë. Dauid luy respondit qu'il suiuoit la Loy du Seigneur du Ciel, vsant des mesmes paroles dont Paul s'estoit seruy peu auparauant. Sur cela le Roy luy ayant demandé s'il vouloit aller à la Cour du Roy du Ciel, & Dauid l'ayant asseuré qu'il ne desiroit rien auec plus de passion, le Prince donna charge aux soldats de luy aller couper la teste. Durant que toutes ces choſes ſe paſſoient deuant le Roy, le Pere attendoit ſur le bord de l'eau le Mandarin des Portugais, auec lequel il deuoit trauerſer la riuiere. Ce fut en ce temps-là que les ſoldats luy apporterent de la part du Roy, vn Crucifix d'Yuoire que l'on auoit trouué dans la maiſon de Dauid. Le Pere ayant vne occaſion ſi fauorable de preſcher Ieſus crucifié, montrant cette image à vne grande multitude d'Infidelles qui eſtoient à l'entour de luy, leur expliqua les adorables myſteres de noſtre Religion. Il continua à le faire dans le logis du Mandarin, où il vint vne grande foule de peuple pour voir ce Crucifix, pendant que le Pere y demeura. Lors qu'il ſceut qu'il falloit partir pour ſe retirer à Haïfo, où les Peres font leur reſidence ordinaire, il pria tres-inſtamment le Mandarin de luy obtenir vne audiance du Roy : mais le Mandarin qui eſtoit d'vn naturel timide, n'oſa pas entreprendre vne choſe qui luy ſembloit dangereuſe dans la conjoncture des affaires. C'eſt pourquoy le Pere fut obligé de ſe retirer ſans eſperance que le Roy diminuaſt rien de ſa rigueur enuers les Chreſtiens, qui n'eſtoient pas ſeulement perſecutez à la Cour ; mais encore dans tous les autres endroits du Royaume. La colere du Prince n'éclatta pas contre tous ceux qui auoient eſté faits priſonniers : mais contre trois ſeulement. Paul, Vincent & Alexis, qui eſtoiēt les trois autres, furent mis en liberté, apres auoir eſté battus par l'ordre du Roy. Il n'y eut donc que Dauid l'Armenien, Antoine

& Iſabelle, à qui Dieu fit la grace d'endurer la mort pour la Foy ; quoy que pluſieurs autres euſſent eſté pris en meſme temps, & pour la meſme raiſon.

Dauid eſtoit Armenien de nation. Son pere qui s'appelloit Pierre, eſtoit vn riche Marchand qui trafiqua en Pologne, & paſſa de là aux Indes dans les vaiſſeaux des Hollandois, ſur leſquels il auoit chargé grande quantité d'Ambre. Eſtant arriué à Iaquetra, dans la nouuelle Hollande, il acheta vn vaiſſeau pour paſſer dans la Cocinchine auec les marchandiſes qu'il n'auoit pû vendre. Comme il y arriua, il trouua que le troiſiéme fils du Roy eſtoit Gouuerneur de la Prouince de Cachan ; où ce Prince luy priſt la pluſpart de ſon Ambre ſans le payer. Cependant Dauid qui

qui eſtoit aagé d'enuiron vingt & deux ans, ayant appris en Armenie que ſon Pere eſtoit paſſé aux Indes, prit reſolution de l'y aller trouuer. Pour cet effet il ſe rendit à Ormus auec des lettres du Roy de Perſe addreſſées aux Hollandois, afin qu'ils le paſſaſſent dans la nouuelle Hollande. Dauid n'y ayant pas trouué ſon Pere, monta ſur les vaiſſeaux qui alloient à la Cocinchine où il rencontra ſon Pere, qui attendoit le payement de ſon Ambre. Mais la mort du Roy eſtant ſuruenuë, & le Prince qui auoit pris les armes contre ſon frere aiſné, ayant eſté pris ſur vne Galere, & conduit à la Cour, où il mourut miſerablement, le Pere de Dauid perdit la plus grande partie de ſes biens. Il luy reſtoit encore quelque choſe entre les mains d'vn

Chinois, lequel ayant fait banqueroute, acheua de le ruiner. Car n'ayant pas moyen d'équiper son vaisseau, il mourut dans la pauureté, dont il laissa son fils Dauid heritier. Dauid alla trafiquer à Tinoa apres la mort de son Pere, & parmy l'embarras de la marchandise, y vescut dix ou douze ans auec vne pieté vrayment Chrestienne. Il auoit vn zele tres-ardent pour le salut des ames qu'il taschoit de gagner par toute sorte de moyens. Iamais il ne refusoit l'aumosne aux pauures, soit qu'ils fussent Infideles, soit qu'ils fussent Chrestiens. Lors que les Catechistes Ignace & Vincent furent decapitez en haine de la Foy, il se trouua present à ce spectacle, & recueillit la terre qui auoit esté arrosée du sang de ces glorieux martyrs. Cela fut cause qu'on l'accuſa d'auoir ſuccé du ſang humain. Enſuite dequoy il fut mis en priſon, rudement battu, & dés ce temps-là, peu s'en fallut qu'on ne le decapitaſt. Enfin l'heure de ſon martyre eſtant venuë, il fut conduit dans la grande place de Tinoa, où il auoit veu mourir Ignace & Vincent quatre années auparauant. Lors qu'il y fut arriué, apres auoir fait vne petite priere à deux genoux & preſenté le col au bourreau, il accomplit glorieuſement ſon martyre.

Pour ce qui eſt du Catechiſte Antoine, il naſquit dans le Village de Dondexa dans la Prouince de Quanbing. Son pere eſt mort Infidelle, ſa mere vit encore, & porte le nom de Magdeleine, ayant embraſſé noſtre ſainte Foy. Il fut eſleué dans la maiſon de deux

Chreſtiens, Pierre Hounon & Iſabelle ſa femme. A l'aage de ſept ans il receut le Bapteſme du Pere Alexandre de Rhodes. Depuis ce tẽps-là, Dieu qui le deſtinoit à ſouffrir la mort pour la deffenſe de la Foy, le diſpoſa à vne ſi grande action par des faueurs tres-particulieres. Quand il fut pris par les ſoldats dans le logis de Paul, il y auoit auec luy pluſieurs autres Catechiſtes qui dirent hautement qu'ils eſtoient Chreſtiens: lors que les ſoldats leur demanderent s'ils ſuiuoient la Loy des Portugais: neantmoins il n'y eut que luy qui fut pris & mené deuant le Roy, où il parla auec vne liberté ſi Chreſtienne, que le Roy le condamna à la mort. Lors que les ſoldats le conduiſoient au ſupplice, le Mandarin qui auoit ordre de faire executer l'Arreſt du Roy eut compaſſion de ſa ieuneſſe, & commanda aux ſoldats de ne rien precipiter, ſouhaittant que le Prince reuoquaſt ſon Arreſt. Cela affligea tres-ſenſiblement Antoine qui preſſoit les bourreaux de le mener en haſte au lieu du ſupplice, où il fut enfin decapité en la vingt-troiſiéme année de ſon aage. Les ſoldats furent preſque tout le iour en garde au tour de ſon corps: pour voir ſi perſonne ne viendroit recueillir la terre arroſée du ſang de ce martyr, mais enfin ne pouuant endurer le froid, ils ſe retirerent. Alors les Catechiſtes eurẽt le loiſir d'enleuer le corps qui fut enfermé dans vn cercüeil: la teſte fut miſe à part, & portée par le Pere à Macao. Les Chreſtiens de Quanbin ne voulurent iamais laiſſer à Tinoa, les reliques d'Antoine; mais les enleu erent dans la Bourgade de Liem, où elles sont gardées comme vne chose tres-pretieuse.

Isabelle nasquit aux enuirons de Tinoa, dans vn lieu nommé Barbam. Elle fut mariée à l'aage de vingt-deux ans à vn Iaponois Chrestien nommé Sebastien, dont elle eut deux enfans. Le premier portoit le nom d'Alexis, qui fut pris auec sa mere, & le second s'appelloit Pierre. Isabelle demeura quelque temps auec son mary à Haïfo, dans la ruë des Iaponois. Depuis elle alla se loger à Tinoa, où elle continua son commerce apres y auoir perdu son mary. Elle garda tousiours la Loy de Dieu auec vne exactitude incroyable, s'approchant des Sacremens le plus qu'elle pouuoit, afin d'y puiser les graces necessaires pour viure saintement. Elle auoit vn desir extréme de voir celebrer dans son logis le sacrifice de la Messe; mais on ne luy accordoit pas cette faueur toutes les fois qu'elle le desiroit durant la persecution, à cause que sa maison estoit dans vn quartier trop frequenté. La constance qu'elle fit paroistre dans son martyre fut loüée des Infidelles. A la veuë de dix Elephans elle ne perdit point l'asseurance, & ne voulut pas que les soldats luy missent vn voile deuant les yeux. Comme elle estoit assise à terre les pieds liez, en attendant que le peuple fut assemblé, suiuant les ordres du Roy, elle consoloit le plus petit de ses enfans, qui n'estoit aagé que de douze ans. Lors qu'elle vit approcher vn des Elephans, elle fit le signe de la Croix, afin de receuoir auec plus de courage les premieres attaques de cette beſte furieuſe, qui du premier coup qu'elle luy danna dans le coſté, la lança fort loin, & apres la prenant auec ſa trompe par les cheueux les luy arracha auec la peau de la teſte. Enfin au troiſiéme coup, elle finit ſon martyre à l'aage de quarante-ſix ans, au meſme iour & en la meſme année de ce ſiecle que Dauid & Antoine, qui moururent le ſeptiéme de Ianuier en 1650. Vn des oncles du Roy ayant ſceu l'Arreſt de mort qui auoit eſté porté contre Iſabelle, & ayant beaucoup d'inclination pour les Chreſtiens, & particulierement pour Iſabelle, qui auoit eſté ſouuent dans ſon Palais pour y vendre ſes marchandiſes, alla luy-meſme demander ſa grace : mais comme il arriua au lieu du ſupplice, il trouua qu'elle auoit desia finy glorieusement sa vie. Apres la mort de ces Chrestiens, qui fut precedée de l'apparition d'vne horrible Comete, & suiuie par des incendies si épouuentables, qu'il y en eut vn à la Cour du Gouuerneur de Cachan qui reduisit en cendres plus de quatre mille maisons, les Chrestiens ne laisserent pas de s'assembler secrettement pour receuoir les Sacremens, & la persecution n'empescha pas que durant les six mois, que les Peres furent dans ce Royaume, depuis leur retour, ils ne baptisassent plus de six cens personnes. Voila l'estat auquel ils ont laissé les Chrestiens de la Cocinchine au mois de Iuillet de l'an 1650. desquels ils ne se separerent que dans l'esperance qu'ils auoient de les reuoir au commancement de l'année ſuiuante, ayant reſolu de reuenir auec des lettres de recommandation du General Pereira, qui a tant de zele pour le ſalut des ames, qu'il a deſtiné vn preſent tres-magnifique pour faire donner au Roy, afin que ſes lettres eſtant mieux receuës, les Predicateurs de l'Euangile ayent plus de liberté de le publier aux peuples de ce Royaume. Il eſt temps de finir cette narration des choſes qui regardent l'Egliſe de la Cocinchine, afin de parler de celle du Tunquin, qui n'eſt pas arrouſée du ſang des martyrs comme la premiere; mais qui en recompenſe, compte parmy ſes enfans deux cens trente mille Chreſtiens, & qui donne chaque année le Bapteſme à plus de quatorze mille Infidelles.

III. PARTIE.

De l'Eglise du Tunquin.

AV commencement du mois de Mars de l'année 1648. le Roy de Tunquin fit entrer dans la Cocinchine par le chemin de terre, vne armée de vingt mille hommes, commandée par l'Eunuque son fauory, & vne autre par mer aussi forte que la premiere. L'Amiral qui menoit cette armée nauale auoit ordre de se joindre au Gouuerneur de la Frontiere, qui auoit vn troisiéme corps composé de vingt-cinq mille hommes. Ces trouppes ayant pris les places qui sont sur la Frontiere, le Roy de la Cocinchine resolu d'arrester le progrez de ses ennemis, voulut aller en perſonne au camp; quoy qu'il fut malade. Son armée n'eſtoit composée que de trente mille hommes, mais il gagna la bataille par la valeur de ſes ſoldats, qui attaquerent ſi furieuſement les ennemis, qu'ils en firent vn carnage horrible, & mirent le reſte en deroute. Au meſme temps le Pere Leria vint à la Cour de la part du Roy de Laos, afin de terminer quelques differends qui eſtoient entre les deux Couronnes: Le Pere reüſſit dans le deſſein qu'il n'auoit entrepris, que pour obliger le Roy de Laos à fauoriſer la publication de l'Euangile. Car le Roy de Tunquin l'ayant receu auec beaucoup de témoignages de bonté, il le renuoya auec aſſeurance, qu'il vouloit viure en parfaite intelligence auec le Prince, dont il auoit les intereſts entre les mains.

Trois mois apres que le Pere Leria fut retourné, il arriua vne chose qui affligea toute l'Eglise de ce Royaume. Vn sorcier qui estoit logé chez vne Chrestienne, ayant mis tout le Palais Royal en trouble par des enchantemens, on reconnut que l'autheur de ses sortileges demeuroit chez cette femme. Le Mandarin qui auoit ordre du Roy de prendre connoissance de cette affaire fit appliquer cette Chrestienne à la question, qui protesta qu'elle n'auoit iamais eu la pensée de se seruir d'aucun sortilege, la Religion Chrestienne n'en souffrant pas le moindre vsage. Comme le Mandarin aprit que cette femme estoit Chrestienne, il la pressa de dire qui l'auoit baptisée, & ayant sçeu que c'estoit François le chef des Catechistes, il l'enuoya querir aussi tost. François ayant comparu deuant le Mandarin, on le renuoya apres luy auoir deffendu de suiure la Loy de IESVS-CHRIST. En suitte le Mandarin fit apporter toutes les images & les medailles qui estoient dans les logis des Catechistes à dessein de les faire brusler. Le lendemain qui estoit le sixiesme d'Auril, le Mandarin fit inuestir nostre maison par vne compagnie de soldats & enleuer les Catechismes, les images & les medailles que les Commissaires y rencontrerent. En sortant de nostre maison, ils deffendirent que les peuples ne vinsent plus chez nous pour y apprendre la Loy de Dieu. On prit aussi dans les maisons des Chrestiens & dans les Eglises tous les tableaux & les images qui furent bruslées dans vne isle que fait la riuiere. Le P. Superieur ayant veu ce feu courut aussi tost vers le Mandarin, pour iustifier les Chrestiens du crime dont ils auoient esté accusez, & pour empescher que l'on ne continuast à violer les choses saintes par vne si horrible profanation. Le Mandarin l'ayant entendu, luy tesmoigna qu'il n'auoit donné les ordres pour ce qui s'estoit passé, qu'afin d'appaiser le Roy : qu'il leuoit la deffence que les Commissaires auoient faite aux peuples de s'instruire de la Loy du Ciel, & qu'il seroit fauorable aux Chrestiens dans toutes les rencontres où il les pourroit seruir. Deux mois apres, le neueu du Mandarin ayant épousé la fille du Prince, le Pere alla voir le Mandarin pour le feliciter de la haute alliance qu'il auoit contractée, & luy ayant demandé pour les Chrestiens la liberté de s'assembler dans les Eglises les iours de Festes, il l'obtint sans difficulté. Le mesme Pere receut encore de grandes caresses du Prince, lors qu'il passa deuant nostre maison, d'où le Pere estoit sorty pour le saluër. Ce Prince qui est le legitime heritier de la Couronne, témoigne tant de bonté aux Predicateurs de l'Euangile, qu'ils ont sujet d'esperer qu'à son aduenement à la Couronne les Chrestiens ioüiront d'vne parfaite tranquillité. Les Peres qui instruissent les peuples de ce Royaume, l'ayant diuisé entr'eux pour y publier par tout le saint Euangile, ie rapporteray tout ce que ie dois dire de cette Eglise, en marquant les diuers endroits ou ils trauaillent pour le salut des ames.

Le Pere Rangel qui a soin des Chrestiens de Kebo leur ayant persuadé de prendre saint Michel pour leur Patron, ils ont receu de grandes faueurs par l'intercession de cet Ange, qui destruit la tyrannie que le Diable exerce sur ces malheureuses nations. En vn village qui est aux enuirons de Gang, vn fameux sorcier estant tombé malade, mit en vsage pour se guerir tout ce qu'il iugea capable d'appaiser le Demon qui estoit l'auteur de son affliction: mais ses peines furent inutiles. Il estoit au desespoir, lors qu'il se souuint de la puissance que les Chrestiens auoient sur le Demon. Il les enuoye prier de l'assister, promettant de se faire

Chrestien s'ils le guerissoient. Les Chrestiens se rendent aussi tost en sa maison, & y arriuant lors que le Demon le tourmentoit auec plus de rage, se sentent touchez de pitié à la veuë d'vn spectacle si triste, & luy mettant vn Crucifix sur l'estomac, luy rendent parfaittement la santé. Incontinent il se iette à genoux pour remercier Iesus Christ de la faueur qu'il luy auoit faite, & presse les Chrestiens de luy administrer le baptesme. On luy accorde ce qu'il demande, mais en mesme temps le Diable se saisit de sa femme qui estoit aussi sorciere, & la tourmente si furieusement qu'elle tombe comme morte. Les Payens du village ayant appris cet euenement, accourent en foule au logis & menacent les Chrestiens de les traitter comme des meurtriers, qui auoient tué cette femme. François qui estoit vn des principaux Chrestiens, ayant commandé aux autres fidelles de prier pour cette femme, elle s'eueilla quelque temps apres, & se mit à voler d'vn bout de la chambre à l'autre auec l'estonnement de tous les spectateurs. Alors les Chrestiens eurent recours à saint Michel, afin qu'il arrestast le Demon. L'Ange rendit la liberté à cette femme, qui pria les Chrestiens de la baptiser; mais ils s'en excuserent disant qu'on venoit de leur apprendre l'arriuée du Pere & qu'il falloit s'adresser à luy. Lors que le Pere estoit sur le point de la baptiser, elle fut saisie d'vn tremblement terrible, & se mit en mesme temps à ietter des cris si épounentables qu'elle donna de la terreur à tous ceux qui estoient dans l'Eglise. Le Pere prit l'image de saint Michel, & la mettant au col de l'Enorgumene pressa le Demon par les exorcismes. Enfin cette femme tomba comme morte, & peu de temps apres s'estant releuée auec vn grand repos d'esprit, & ayant receu le baptesme, elle demeura deux iours dans l'Eglise à rendre graces à Dieu. Le troisiesme iour elle alla en son village auec son mary, & retournant elle amena en sa compagnie neuf Gentils qui estant touchez de Dieu, se firent Chrestiens. Ie pourrois marquer d'auttes personnes que le Pere à déliurées de la possession du Diable, par l'application de l'image de S.

Michel : mais pour éuiter vne repetition ennuyeuse des mesmes choses, ie n'en diray rien dauantage. Aux enuirons de Cicnam, où le Pere Borguese fait son sejour ordinaire, les peuples furent attaquez d'vne maladie si dangereuse qu'elle faisoit perir les familles entieres. Vn Catechiste y accourut aussi tost pour seruir les Chrestiens, qui furent traittez auec tant de soin & de charité qu'ils eschapperent tous le danger. Le Catechiste, apres auoir secouru les fideles, voulut aussi remedier aux maux de ceux qui ne l'estoient pas. Il les exhorte à receuoir le baptesme afin de se reconcilier auec celuy qui auoit entre ses mains la vie & la mort. Les infidelles luy dirent que s'il pouuoit guerir vne certaine famille où tous estoient malades & Payens, ils embrasseroient la Religion Chrestienne. Le Catechiste se met à prier auec vne tres-grande esperance. Toute cette famille reçoit la santé par vne vertu diuine, en suitte dequoy les infidelles tenant leur promesse se conuertissent au nombre de cinq cens personnes.

Durant le cours de la semaine Sainte, le Pere fit l'Office à Kienlau, où il fut tres consolé par la connoissance qu'il eut de l'extreme ferueur des Chrestiens & par la conuersion de mille infidelles qui receurent le baptesme en vn mois. Vne Chrestienne nommée Paule, qui estoit tante du Gouuerneur, estant morte en ce mesme lieu, les parens firent venir vn sorcier pour les funerailles : mais ce ministre du Demon n'eut pas plustost commencé ses ceremonies superstitieuses, que le corps de la Chrestienne s'enfla si horriblement qu'estant luy mesme surpris de cét accident, il dit à ceux qui l'auoient appellé, que cette femme estant Chrestieune, il falloit que les Chrestiens l'enterrassent. Paul son beau frere se disposa le premier à luy rendre les derniers deuoirs. Il n'eut pas plustost commencé les Oraisons dont l'Eglise se sert en ces rencontrés, que le corps perdant cette enfiûre, & reuenant en son premier estat ne causa pas moins de ioye aux fidelles, que d'estonnement à leurs ennemis. Dieu ne fauorisa pas moins ses seruiteurs dans la maladie d'vn Chrestien qui auoit perdu la veuë & la parole. Car les

Fidelles qui estoient autour de son lict, ayant recité les Litanies, le malade recouura la parole, & ensuite la veuë luy fut renduë par l'intercession de sainte Lucie, dont ils imploroient l'assistance. Pour comble de faueur le Chrestien sentit tant de force qu'il sauta luy mesme hors du lict, afin de remercier nostre Seigneur des graces qu'il venoit de receuoir & s'entretenir auec ses freres des merueilles de la diuine puissance.

Apres auoir rapporté ces exemples où la bonté de Dieu se fait voir auec tant d'esclat, enuers ceux qui le seruent fidellement; il ne sera pas hors de propos d'en marquer vn où il exerce sa iustice contre les meschans. Vn Chrestien ayant perdu la Foy durant sa maladie, fit appeller vn sorcier pour en estre guery, mais helas! ce malheureux expira entre les mains du sorcier, lors qu'il faisoit ses detestables ceremonies. Sa mere qui estoit vne veritable Chrestienne, fit toutes sortes d'efforts pour le conuertir durant qu'il fut en vie : mais ayant trauaillé en vain, elle ne laissa pas apres la mort de son fils de prier Dieu de luy faire misericorde. Comme elle estoit à genoux en prieres aupres du corps mort de son fils, elle apperceut tout d'vn coup qu'il estoit enuironné de flammes. Ce spectacle pensa faire mourir la mere auprés du fils : toutesfois elle reuint à soy, & reconnoissant par cette marque le iuste iugement de Dieu qui auoit condamné son fils aux feux de l'Enfer, elle cessa de prier pour vne personne, au mal-heur de laquelle il n'y auoit plus de remede.

Les choses que ie viens de rapporter de la Mission de Tunquin, arriuerent auant le commencement de l'an 1649. dont tout le cours fut si paisible, que les Predicateurs de l'Euangile y trauailleroient auec vne entiere liberté. Car estant receus fauorablement à la Cour, & honorez de tous les grands du Royaume qui suiuoient en cela les sentimens de leur Prince, il n'y auoit personne dans les Prouinces, qui fut si ennemy de la Foy, qui ne portast beaucoup de respect à ceux qu'ils voyoient estre en faueur auprés du Roy & de tous ses Officiers. Au mois d'Octobre le Mandarin Paul de Doulan mourut auec des marques de grande sainteté. Dans son enfance il auoit esté le fauory du vieux Roy, & depuis ce temps-là, il auoit toûjours esté en grande consideration à la Cour : mais Dieu qui l'auoit choisi pour estre vn de ses seruiteurs, luy fit vne faueur bien plus considerable, lors qu'il luy inspira d'embrasser la Foy, à l'imitation de sa fille qui n'estoit pour lors âgée que de quinze ans, & qui vit encore auec vne grande pieté dans son veuuage. Cette fille ayant esté baptisée par le Pere Alexandre de Rhodes, qui preschoit la Foy dans vne maison de la Cour où elle se trouua, & ayant esté nommée Agathe, elle conceut vne si grande passion d'entendre la parole de Dieu, que sous pretexte d'aller chez la Reyne, elle se transportoit souuent au logis où estoit le Pere afin d'assister à ses Predications. Vn iour le Mandarin son Pere l'ayant suiuie, & la voyant entrer dans le logis où estoit le Pere, se mit en grande colere; & tascha par tous moyens de luy faire perdre la Foy. Agathe pria son Pere d'entendre les veritez qui l'auoient attirée au Christianisme, auant que de condamner ceux qui en faisoient profession. Le Mandarin écoute la doctrine du Ciel, qui le change tellement qu'il demande le baptesme auec vne ferueur, qui ne pouuoit venir que de la grace. Ayant esté baptisé auec toute sa famille, il fit bastir vne Eglise dans vn faux-bourg & donna vne terre auprés pour y enterrer les fidelles. Depuis ce temps ayant toûjours mené vne vie tres-Chrestienne, il mourut tres-saintement à l'âge de ſoixante & quatorze ans, apres auoir ſouffert auec vne extreme patience les douleurs d'vne longue & faſcheuſe malaladie.

Quoy que la deuotion & la Foy auec laquelle les Chreſtiens qui demeurent à la Cour, ſe ſeruent de l'eau beniſte, ſoit commune aux autres fidelles qui ſont reſpandus dans les Prouinces : neantmoins ie ſuis obligé de marquer deux merueilles qui ſont arriuées par l'vſage de cet eau. Vn Mandarin infidelle auoit employé tous les remedes des ſorciers pour ſe guerir d'vne maladie extrememẽt dangereuſe. Sa femme qui eſtoit Chreſtienne voyant que c'eſtoit en vain, que ſon mary eſperoit d'eſtre deliuré de ſon mal par le ſecours de ces miniſtres du Demon, prit de l'eau beniſte & la versa sur le malade. Aussi-tost le Mandarin se leua, & reconnut si clairement que la santé luy auoit esté renduë par vne vertu diuine, qu'il voulut estre baptisé sans differer. Auec le mesme remede vne Chrestienne deliura son petit fils qui estoit possedé par le Demon. Le Pere Borguese estant allé visiter les Chrestiens d'vne Prouince, qui est presque inaccessible vers l'Occident, apres auoir consolé les Chrestiens, & donné le baptesme aux infidelles, à qui Dieu auoit ouuert les yeux; auant que de partir, il se disposa à leur benir grande quantité d'eau. Les Chrestiens en apporterẽt des cruches pleines, & parmy les autres vne vieille femme qui auoit esté sur le minuit dans vne solitude pleine de Tygres pour y puiser de l'eau. Les Chrestiens ayant sceu l'action de cette femme, & l'ayant dite au Pere, elle s'excusa d'vne maniere admirable. Car elle répondit que depuis son baptesme elle charmoit la rage des Tygres par le signe de la Croix, & qu'elle auoit voulu prendre cet-e heure pour puiser de l'eau, à cause qu'alors elle estoit plus oure.

La conuersion d'vn infidelle le Kétéüe n'est pas moins admi-able, que cette Foy auec laquelle es Chrestiens se seruent de l'eau benite. Vn iour qu'il estoit en chemin pour se transporter en vn ieu où il deuoit terminer certaines ffaires, il entendit vne voix du Ciel qui l'aduertissoit d'aller cher-cher la Sainte Loy, qui apprend se sauuer. Il obeït à cette voix, 'addressant en diuers lieux pour s'enquerir de la Loy que l'on y suiuoit. Enfin, il apprit en vn certain endroit, qu'il y auoit vn Pere estranger qui preschoit vne Loy nouuelle, que l'on appelloit la Loy Sainte & veritable: Il continüa son chemin, & trouuant le Pere au lieu qu'on luy auoit marqué, il s'assit parmy les Chrestiens dans l'Eglise auec l'estonnement de tous ceux qui le connoissoient. Il demande d'estre instruit & en suite le baptesme, lequel il receut auec vne extréme ferueur & vn contentement incroyable. Le reste de sa vie respondit à vn si beau commencement. Car luy qui auoit aymé passionnément la bonne chere auant sa conuersion, se traitta le reste de sa vie auec tant de rigueur qu'il ne mangeoit les Vendredys & les Samedys qu'vne seule

seule fois sur la fin du iour. Il quitta tous les employs qu'il auoit; quoy qu'ils fussent tres considerables, afin de pouuoir assister es Chrestiens auec plus de liberé. En effet, outre qu'il traduisoit es Catechismes & les autres Lires qui seruent à l'instruction des peuples, il alloit luy mesme dans les lieux les plus difficiles à aborder, afin de publier de viue voix l'Euangile aux infidelles, supportanr auec vn courage extreme toutes les peines qui sont nseparables d'vn employ si laborieux, quoy qu'il fust âgé de quatre-vingts ans. Comme il estoit dans le Païs de Baö, où il passa cinq mois à baptiser ceux qui se conuertissoient, il arriua dans vn Bourg où les infidelles ayant consacré à leur fausse diuinité vn arbre qui estoit sur le grand chemin, le Demon qui s'en estoit emparé leur faisoit de grãds maux, accablant à coups de pierre ceux qui passoient. Ils luy presenterent plusieurs sacrifices pour l'appaiser : mais toutes leurs prieres furent inutiles. Ces malheureux esclaues du Demon eurent recours à Pierre, qui leur promit de les deliurer de l'importunité de cet ennemy des hommes, pourueu qu'ils l'asseurassent qu'ils se feroient Chrestiens, apres auoir reconnu par vn effet si puissant la verité de la Religion. Les infidelles n'eurent pas plustost donné leur parole, que Pierre auec vne confiance vrayment Chrestienne estant suiuy de tous les habitans de la Bourgade se transporte au lieu où estoit cet arbre funeste

l graue sur l'écorce la figure de la
Croix, apres auoir fait sa priere ;
; aussi-tost le Demon, quitta la
lace iettant des crys effroyables,
ui furent entendus par tous les
ssistans. Cette victoire que Pierre
uoit remportée sur l'Enfer, fut
uiuie de la conuersion de qua-
nte familles qui composoient
ette bourgade. Ainsi la malice
u Demon, qui exerce vne cruel.
tyrannie sur ces peuples, est la
use de la decadence de son em-
re ; les infidelles dans plusieurs
mblables rencontres, ayant
riué les Chrestiens d'abattre leurs
loles qui les tourmentoient sans
esse Pierre estoit occcupé en ces
lorieux employs, lors que Dieu
y fit connoistre que le temps
e sa mort approchoit. Il pria le
Mandarin Paul qui estoit aussi

Chrestien, de luy faire preparer son cercuiel: mais luy ne voyant aucune apparence que Pierre d'eût mourir si tost, à cause qu'il se portoit tres-bien, ne se mit pas en peine d'executer auec tant de promptitude sa volonté. Cependant Pierre se promenant sur le bord de la riuiere, trois iours auant la fin de sa vie, ayant apperceu vne grande planche qui estoit portée sur l'eau, il se tourna vers ceux qui l'accompagnoient, & leur dit; que Dieu en luy destinant cette planche, l'auoit pourueu de ce qui estoit necessaire pour son cercueil. Alors ses amis s'estant pris à rire, de ce qu'il parloit de mourir en vn estat où sa santé ne paroissoit nullement alterée, il les asseura que dans trois iours il finiroit sa vie

En effet, quelque temps apres ayant prié que l'on tirast ce bois du fleuue, son cercueil n'eut pas plustost esté fait qu'il rendit l'ame auec vn repos d'esprit admirable.

Tandis que ces choses se passoient dans les païs qui sont à l'Occident, le Pere Marin trauailloit auec des peines incroyables dans la Prouince Orientale. Car outre les grandes incommoditez qu'il faut souffrir, en visitant les Chrestiens qui sont diuisez en trente trois Eglises, les eaux sont si mauuaises qu'il est presque impossible de n'y pas tomber en de dangereuses maladies. La conuersion d'vne Dame de tres haute naissance, est l'éuenement le plus considerable, que nous en puissions rapporter. Dés son enfance on luy auoit appris la langue Chinoise, & toutes les connoissances que les Docteurs de la Chine estiment dauantage. Apres la mort de son mary elle resolut de mener vne vie tres-austere: Elle passa deux années entieres dans vne grotte de ce desert, d'où elle fut rerirée par des Bonzes, qui apprehendoient que s'il arriuoit quelque accident à cette Dame, ils n'en fussent blasmez. De cette solitude elle alla à la Cour, où elle fut tres-bien receuë, à cause de sa grande noblesse & de sa sçience, qui luy auoit acquis vne reputation extraordinaire. La Reyne luy ayant donné le soin des Sacrifices & des autres ceremonies superstitieuses, qui seruent au culte des Dieux; elle viuoit en cette charge, sans prendre aucun diuertissement, ce qui augmentoit tous les iours l'admiration que l'on auoit de sa vertu. En ces entrefaittes elle tombe malade si dangereusement, que la Reyne ayant employé inutilement, toutes sortes de remedes pour sa guerison, elle auoit desesperé de sa vie. Sa mere la voyant en cét estat, luy conseilla d'auoir recours au Dieu que les Chrestiens adoroient qui fit diminuer sa maladie à mesure qu'elle se faisoit instruire de nostre Religion. Comme elle demanda le Baptesme, on luy dit qu'il falloit auparauant faire brusler les liures qui l'auoient entretenuë dans son idolatrie, ce qu'elle executa tres-volontiers. Apres quoy, elle fut nommée Catherine en receuant le baptesme; & depuis ce temps, elle prescha par tout la Religion Chrestienne, auec vne liberté admirable.

Dans la Prouince du Midi, où il y a quatre-vingts & dix Eglises, & dans l'vne de ces Eglises deux mille Chrestiens, on a baptisé cette année trois mille six cens trente quatre infidelles. Le Mandarin de Lientin & sa féme qui se sont conuertis, à cause que leur fils étant desesperé des Medecins auoit esté guery en se faisant Chrestien, ne sont pas les personnes les moins cõsiderables, qui ayent embrassé la Foy dans cette Prouince, qui est la plus puissante du Royaume. Le Fils de ce Mandarin estant tombé malade depuis son baptesme, vne sorciere se glissa dans sa chambre lors qu'il dormoit, afin de le guerir par ses remedes superstitieux; mais ayant apperceu qu'vne lumiere descenduë du Ciel enuironnoit le malade, lequel se reueillant tout à coup se trouua guery, elle changea tellement de volonté, qu'elle commença dés-lors à se faire instruire, afin de receuoir le baptesme à l'arriuée du Pere.

Dans le Bourg de Langou vn des principaux habitans qui estoit Chrestien, ayant inutilement essayé de se faire guerir par les remedes superstitieux des sorciers; sa femme continuant à chercher quelqu'vn de ces ministres du Demon, pour traitter son mary, rencontra dans son chemin vn aueugle qui l'aduertit, que si le malade vouloit estre guery, il falloit qu'il eust recours à l'assistance de celuy dont il auoit vne image dans son logis, qui n'estoit pas honorée comme le meritoit l'excellence de la personne qu'elle representoit.

La femme retourne promptement au logis, & rapporte au malade ce qu'elle auoit appris. Le Chrestien reconnut la faute qu'il auoit faite, de ne pas rendre plus d'honneur à vne image du Sauueur, que son frere Gaspard, qui estoit mort en vray Chrestien depuis quelque temps, luy auoit laissée comme la chose la plus precieuse qu'il eust au monde. Aussi-tost il fait apporter le tableau, commande qu'on le dresse sur vne table bien parée, & & l'ayant adoré auec les autres Fidelles, aux Oraisons desquels il s'estoit recommandé, recouure vne santé parfaite.

Quoy que i'aye desia fait mention de plusieurs personnes infidelles, qui ont recouuré la santé par le desir qu'elles ont conceu d'embrasser la Foy; ou par le recours qu'elles ont eu aux prieres des Chrestiens : neantmoins ie ne puis passer sous silence, ce qui arriua à vn Charlatan, dont la femme tomba comme morte lors qu'elle estoit vne nuit sur le theatre auec son mary, pour donner du diuertissement aux spectateurs. Ce pauure malheureux voyant qu'il ne restoit aucun sentiment à sa femme, ne sçachant à quoy se resoudre, commença à luy crier aux oreilles, qu'elle inuoquast ce Iesvs que les Chrestiens adoroient, & qu'elle luy demandast pardon de ses pechez. Mais la femme ne donnant aucun signe de vie, son mary l'emporta chez vn Chrestien, nommé Damase, auquel il la recommanda ; le priant auec beaucoup de larmes de rendre la santé à sa femme, ou de la baptiser auant qu'elle expiraſt ; parce qu'ils auoient mis toute leur eſperance au Seigneur du Ciel. Apres que Damaſe eut eſté quelque temps en priere, la femme reuint à elle & continua auec ſon mary à demander tres-inſtamment le Baptesme, qu'ils receurent auec vne ioye inconceuable.

Depuis que le Pere Rangel inſtruit les peuples de la Prouince du Septentrion, le nombre des Chreſtiens s'eſt tellement augmenté, qu'il y a maintenant cinquante-quatre Egliſes où l'on n'en comptoit auparauant que vingt-deux. Le Pere en faiſant la viſite de ces Egliſes, paſſa dans vn Païs appellé Bodin, où il baptiſa pluſieurs infidelles. Vn ſorcier ne pouuãt ſouffrir la perte qu'il faiſoit par ces conuerſions ; irrita les Officiers qui gouuernoient ce Païs par les plaintes qu'il leur fit de ce que l'on abandonnoit le seruice des Dieux. Cela fût cause que l'on mist en prison vne femme Chrestienne qui assistoit des malades, & qu'on la tourmentât cruellement pour ébransler sa constance : mais les efforts de ces ennemis de IESVS-CHRIST furent inutiles. Vn Chrestien nommé Paul, que sa qualité de Mandarin ne rendoit pas peu cõsiderable dans cette Prouince, ayant appris le mauuais traittement que ces Officiers auoient fait à cette Chrestienne, les alla trouuer aussi tost pour leur reprocher leur aueuglement. Les remonstrances de ce Mandarin furent suiuies de la liberté de cette femme, à laquelle il voulut donner de l'argent pour reparer les pertes qu'elle auoit faites, lors qu'on la mit en prison: Mais, elle luy respondit auec vn esprit vrayment Chrestien. Ie mourray plustost que de rien receuoir, à cause de la perte que i'ay faite pour IESVS-CHRIST, parce que ie ne veux pas perdre la recompense que i'attends de mon Seigneur. Quelque temps apres, les infidelles recommencerent leur persecution, & mirent vn Chrestien en prison; ce qu'ils ne faisoient pas tant en haine de la Foy, que pour treuuer l'occasion de gaigner quelque chose. Le Mandarin Paul sçachant leur intention, fit conduire vers ces Idolatres vn troupeau de son bestail, & leur dit que, puis qu'ils n'exerçoient leur pouuoir sur les fidelles que pour auoir leurs biens, il leur donnoit son bestail, & que s'ils n'estoient pas satisfaits, ils vendissent ses terres pour assouuir leur conuoitise. Le respect qu'ils auoient pour luy les ayant obligez à relascher le prisonnier, ils cesserent de maltraitter les Chrestiens par l'apprehension qu'il auoient de son zele.

Quand le Pere visita les Chrestiens de l'Eglise d'Anloc, on le vint prier de se transporter au logis d'vn Energumene, qui estoit alors furieusement tourmenté du Demon. Le Pere commanda que l'on conduisist dans l'Eglise ce pauure malheureux, à quoy les Chrestiens ayant respondu qu'il estoit impossible d'executer ses ordres, à cause que quatre personnes auoient bien de la peine à le tenir dans le logis, tant il estoit furieux, le Pere leur repartit, qu'ils allassent dire au malade, qu'on luy commandoit au nom de Dieu & de S. Michel, de venir à l'Eglise. Chose estrange, le Demon se retira, lors que l'on commanda à l'Energumene de venir à l'Eglise. Il s'y transporta incontinent, y fut instruit & receut le baptesme. Le Pere du malade touché de cette merueille, ayant assisté durant treize iours aux instructions que l'on faisoit, quoy qu'il fust Bonze, demanda le baptesme auec tant d'instance, qu'on ne pût le luy refuser.

Sur le chemin de Thinoa, le Mandarin Antoine est en garde au Pas des montagnes qui vont iusqu'à Kegian. Aux enuirons de ce poste, le Diable ayant pris la forme d'vn Tygre faisoit de grands maux à quelques bourgades d'infidelles,

fidelles Ces infortunez pour appaiser sa fureur luy firent bastir vn nouueau Temple, afin de l'y adorer auec plus de veneration. Apres qu'ils eurent ainsi arresté les courses de cette beste furieuse, ils ioüirent quelque temps d'vn peu de repos : mais au commencement de l'année, le Demon estant entré dans le corps d'vn des habitans de ces villages, il le traisna dans les campagnes à la veuë de tout le monde, & le tourmenta cruellement. Les habitans infidelles trembloient de frayeur à ce spectacle, lors qu'vn soldat Chrestien appellé Senen, courant apres le possedé, & inuoquant le nom de Dieu cõmanda au Demõ qu'il s'arrestast. Le possedé s'approcha paisiblement du soldat, & luy dit, pourquoy me faites vous cet affront au nom de celuy que ie crains extremement. Senen, au lieu de respondre prit le possedé par le bras & le conduisit dans la bourg[illegible]de, sans qu'il luy fist nulle resistance; de quoy tous ces pauures infidelles, furent extremement estonnez. Mais les Chrestiens auoient bien plus de sujet de s'estonner de l'aueuglement de ces pauures malheureux, qui ne secoüent pas le ioug du Demon pour seruir Dieu, quoy qu'ils soient si mal-traittez par cet ennemy des hommes. Si le nom de Dieu sert aux fidelles pour arrester la fureur & la rage du Demon, il ne leur est pas moins fauorable, lors qu'ils sont exposez à la cruauté des hommes. Les Pyrates ayant pris sur la mer vn vaisseau, où il y auoit vn Chrestien parmy plusieurs infidelles, ils les dépoüillerent de tout, & les passerent par le fil de l'épée. Comme ces Corsaires estoient sur le point de faire le mesme traittement au Chrestien, il prit la parole, & leur demanda; pourquoy me tuez vous, moy qui adore le vray Dieu, & qui ne fais nul mal à personne. Ces voleurs ayant ouy cela, luy donnerent la vie, & le conduisirent en seureté dans la bourgade où il demeuroit ordinairement.

Dans la Prouince de Neghan il y auoit vne multitude de Chrestiens plus grande qu'en nulle autre; & elle s'est beaucoup augmentée par la conuersion de ceux qui ont esté nouuellement baptisez au nombre de trois mille six cens quarante cinq personnes. Le Pere qui en a soin commença l'année par la visite des Chrestiens de Kephüen, qui ont fait voir par leur patience à souffrir la persecution des Mandarins qui y commãdent, que leur foy est inebranlable. Cõme le Pere étoit en chemin, il pleut d'vne façõ si extraordinaire, qu'on eust dit que le païs deuoit estre submergé, & la pluye continua durant tout le temps qu'il fut à Kephüen; quoy que l'on n'eust presque iamais veu pleuuoir en cette saison. En suitte de cela les chemins furent si mauuais, que les Chrestiens enfonçoient dans la bouë iusqu'aux genoux pour aborder à l'Eglise. Toutesfois ils venoient en si grand nombre, que le lieu ne se trouuoit pas d'vne estenduë assez vaste, pour les y contenir tous ensemble. A l'arriuée du Pere, cent cinquante personnes se firent baptiser, & entr'autres deux sorcier qui estoient resolus de publier la vraye Foy auec plus de soin, qu'ils n'en auoient eu d'accroistre l'Empire du Demon, lors qu'ils estoient ses esclaues. Quoy que la pluye eust rendu la saison extremement incommode : neantmoins il faut auoüer que le Pere ne pouuoit mieux choisir son temps pour consoler les fidelles de cette contrée, à cause de l'absence du Mandarin, qui estoit le plus grand ennemy de la Foy. Ce mal-heureux ne fut pas plustost de retour en sa maison, qu'estant furieusement irrité de ce que le nombre des Fidelles s'estoit augmenté durant son absence, il se mit à les persecuter auec vne rage, qui ne pouuoit luy estre inspirée que par le Demon. Ayant luy mesme fait abbatre l'Eglise & brusler les Images de

Saints, il attaqua les Chrestiens en leur personne : mais il les trouua si fermes dans la Foy, qu'il ne pût iamais les ebransler. Les femmes qui semblent auoir moins de constance, luy resisterent aussi genereusement que les hommes. Entre les autres la belle mere d'vn Mandarin infidelle, se signala par la fermeté qu'elle fit paroistre. Car comme elle publioit hautement qu'elle estoit Chrestienne ; les Payens qui bruslent d'vne conuoitise insatiable d'auoir les richesses des Fidelles ; luy ayant osté ses biens, iamais elle ne tesmoigna en auoir le moindre desplaisir. Dans vn autre endroit de cette Prouince, le mesme traittement ayant esté fait à deux Chrestiens, André & Philippe ; ils souffrirent la perte des richesses de la terre auec vne ioye qui monstroit clairement qu'ils ne faisoient estat que de celles du Ciel.

Lors que le Pere alla visiter les Chrestiens de Trammé, il trouua que quelques vns ne viuoient pas conformément aux obligations du Christianisme : dequoy estant sensiblement affligé, il commença à leur remonstrer leur mal-heur auec tant de force & de charité, que ceux qui auoient donné du scandale par la corruption de leur vie, repararerent en se conuertissant, le mal qu'ils auoient fait par leurs dereglemens passez. Il n'y auoit que deux freres qui demeuroient opiniastres dans leurs pechez & resistoient au Ciel, qui les rappelloit au chemin du salut. Le Pere voyant que toutes les remonstrances qu'il leur auoit faites ne les touchoient point, resolu de les gaigner à quelque prix que ce fust, s'addressa â nostre-Dame, laquelle il pria si ardemment d'auoir compassion de ces deux miserables, & de les faire rentrer dans les bonnes graces de son Fils, qu'enfin la Vierge luy accorda ce qu'il demandoit Car ces pecheurs auparauant opiniastres & endurcis, se sentans viuement touchez par le S. Esprit, vinreut se confesser au Pere, auec vne ferme resolution de viure Chrestiennement à l'auenir. La sainte Vierge a fait voir à ces Chrestiens. que non seulement elle secouroit auec plaisir les personnes qui s'addressent à elle pour le salut des ames; mais encore qu'elle ne dedaignoit pas d'ayder les affligez, lors qu'ils ont recours à sa bonté dans la perte de leurs biens & de leurs richesses temporelles. Car vn Paysan Chrestien, qui auoit perdu les bufles dont il se seruoit pour le labourage, ayant prié Nostre-Dame de l'assister ; elle luy donna la pensée d'aller en vn certain endroit, où il les trouueroit. Le Chrestien suiuant ce mouuement interieur s'y transporte aussi-tost, & rencontre vn voleur qui les conduisoit ; mais sans sçauoir luy mesme où il alloit. Ce malheureux estant arresté par le Paysan luy raconta qu'il auoit perdu la veuë peu de temps auparauant ; si bien que le Chrestien reconnut que Nostre-Dame auoit puny le larron en sa faueur par vn chastiment si seuere. Mais la Vierge qui n'auoit pas fauorisé le Chrestien, sans dessein de faire du bien à l'infidelle, luy inspira le desir d'estre Chrestien ; de façon qu'il receut le Baptesme quelque temps apres & la veuë luy fut renduë par l'intercession de celle qui l'auoit aueuglé auparauant.

Apres que le Pere eust visité les Chrestiens qui demeurent dans les villages qui sont au bord de la mer, iusqu'aux derniers confins de Bocim, il entreprit le voyage de Tinboc, où il ne fut pas plustost arriué qu'en six iours il baptisa plus de deux cens Payens : & entr'autres la personne la plus considerable qui fust en ce lieu. Il y auoit au mesme endroit vne Chrestienne possedée du Demon, laquelle estant allée à l'Eglise auec les autres, pour y entendre la Messe ; lors que l'on esleua la sainte Hostie elle commença à heurler & continüa iusqu'à la fin, repetant ces paroles auec des cris épouuentables. Ie ne puis ſouffrir ce que ie vois. La Meſſe eſtant acheuée, elle parut plus paiſible. Le Pere l'exhorta de ſe confeſſer & de perſuader à ſon mary qu'il vint à l'Egliſe, pour y receuoir le Bapteſme. La poſſedée obeyt au Pere, & le mary ſuiuit les conſeils qu'elle luy donna. Comme le temps approchoit auquel le Pere deuoit baptiſer cet infidelle, le Demon voyant qu'il alloit eſtre chaſſé du corps de la femme & de l'ame du mary, fit ſes derniers efforts, en tourmentant la poſſedée d'vne maniere épouuentable, & ſe plaignant de l'injure qu'on luy faiſoit. Cependant le Pere eſcriuoit les noms de quelques Chreſtiens nouuellement baptiſez, lors que la poſſedée ſe tournant vers luy, prononça ces paroles c'en est fait, le Pere a escrit les noms au Liure de Vie, & moy ie suis forcé d'abandonner ce corps. Apres cela le Demon se retira sans attendre les exorcismes, car depuis ce temps, la femme est demeurée en repos auec son mary, & tous deux viuent en vrays fidelles. Au village d'Au, vn Chrestien nommé Paul a eu cette année de grandes afflictions, lesquelles il a tres genereusement supportées. Sa maison a esté bruslée auec tout ce qu'il y auoit. Il a perdu vne fille qui estoit accomplie en toute sorte de perfections, & peu de temps apres, vn fils que ses belles qualitez rendoient aymable à tout le monde. Voila le chemin par lequel IESVS CHRIST fait marcher les Predestinez, qui s'estiment heureux d'endurer par les ordres de leur Sauueur, afin de luy estre plus semblables par l'imitation de sa patience.

IIII. PARTIE.

Contenant ce qui s'est passé dans les autres Royaumes

QVoy que l'Isle d'Haynan appartienne au Roy de la Chine, nos Peres de la Prouince du Iapon ne laissent pas d'y publier l'Euangile. Ils ont tasché plusieurs fois de passer de cette Isle dans le Iapon, deguisez & habillez en Chinois, mais leurs desseins n'ont iamais pû reussir. Il s'est trouué plusieurs Peres de cette Prouince qui auoient tant de passion d'entrer dans les Isles du Iapon, qu'afin de tenter toutes sortes de moyens, ils se sont presentez pour seruir de valets aux Chinois qui y faisoient voyage, & nous en auons veu d'autres qui, pour se déguiser dauantage, eussent tres-volontiers perdu vn de leurs yeux, a fin d'aller gaigner quelque ame à IESVS-CHRIST, dans ce pays de persecution. Dans l'Isle d'Hainam il y a quatorze grandes villes; & des bourgs & des villages en tres-grand nombre Le Pays est habité par des personnes, dont les coustumes & la condition sont tres-differentes. Il y a dans les bois des peuples sauuages, & qui viuent sans discipline; mais à qui leurs voleries apprennent le mestier de la guerre. Les Chinois ausquels ils refusent d'obeïr, les appellent les larrons des bois. Dans les villes & dans la campagne, on void les habitans naturels du Païs qui sont doux, traitables, esloignez de toute ambition, quoy qu'ils soient tres-spirituels, & qu'ils ne se plongent pas dans les plaisirs deshonnestes, comme sont ordinairement tous les idolatres de l'Orient La troisiéme sorte de personnes qui demeurent dans cette Isle, sont des Chinois Prestres des Idoles, des Mandarins, où des Marchands estrangers, qui sont tous dissimulez, ambitieux, & grands ennemys de nostre Foy. Conformément à ces trois sortes de personnes, il y a trois langues: mais il y en a vne qui est commune aux Chinois, aux estrangers & aux naturels du Pays, qui sçauent escrire en Chinois, & lire aussi les Autheurs qui ont escrit en langue Chinoise. Il y a prés de quinze ans que l'on a commencé cette Mission ; mais l'on n'y a pas fait grand fruit, à cause qu'il n'y a qu'vne seule personne pour instruire les peuples. Il est bien vray que l'on auoit enuoyé au Pere Mattos, qui y est tout seul depuis fort long-temps, cinq Peres de nostre Compagnie pour trauailler auec luy : mais outre que deux se noyerent dans vn naufrage, les trois autres qui commençoient à apprendre la langue, se retirerent au Tunquin, & de là à Macao, suiuant le conseil que leur donna le Pere Mattos, lors que l'entrée des Tartares ietta l'effroy dans l'ame de tous les peuples. De cette façon le Pere y est demeuré seul ; mais parce qu'il sçait parfaittement les langues du Pays, nous esperons que la constance, auec laquelle il a tenu fer-

me

me dans cette Isle, ne sera pas inutile aux peuples à qui il preschera l'Euangile.

Deux Peres ont trauaillé cette année dans le Royaume de Camboya, & parce que l'vn des deux a esté obligé d'en sortir à cause de ses maladies, on y enuoyera bientost deux nouueaux Predicateurs de l'Euangile. Cette Mission a esté premierement establie, afin d'assister les Chrestiens Iaponois, Portugais & Cocinchinois que le traffic arreste dans ce Royaume: mais nous esperons qu'à l'aduenir elle ne profitera pas moins aux habitans naturels du Pays, qu'aux estrangers. Iusqu'icy les Peres n'ont rien pû faire auec les peuples, à cause qu'ils les renuoyoient à leurs Prestres, lors qu'on les instruisoit de la verité de nostre Religion. Maintenant que les Peres ont eu conference auec le grand Talapan, c'est à dire leur grand Prestre, qui a enuoyé vn ieune Prestre auec le Pere qui retournoit à Macao, afin qu'il apprenne le Portugais, & que s'estant fait instruire, il puisse aussi luy mesme apprendre tout ce que sa curiosité luy fait souhaitter de connoistre, nous auons grand sujet d'esperer que les peuples se conuertiront à Iesus Christ. Certes, puisque ce Prestre des Faux-Dieux, apres auoir esté instruit à Macao, a demandé le Baptesme, l'a receu, & se dispose maintenant à prescher l'Euangile aux peuples de Camboya, ce n'est pas sans raison que nous auons conceu quelque esperance: principalement si vous adjoutez à cela que la Reyne & le Roy voulurent parler aux Peres, quand ils sçeurent qu'ils auoient disputé contre le grand Talapan. On alla donc chez la Reyne, qui tesmoigna qu'elle prenoit grand plaisir à entendre parler des mysteres de nostre Foy : mais quelques Maures qui sont aupres du Roy, ayant dit à ce Prince que sa Loy ne luy permettoit pas d'entendre les Prestres Portugais, il fit aduertir le Pere Viuas, qu'il ne prist pas la peine de le venir voir. Cela n'empescha pas que le Pere n'allast visiter l'ancienne Reyne, femme du feu Roy, laquelle tesmoigna auoir de l'inclination pour nostre Foy, enuoyant au Pere des flambeaux de cire, pour allumer dans l'Eglise. Voila vne partie de ce qui s'est passé dans le

Royaume de Camboya durant les ſept mois que le Pere Viuas y a pû demeurer.

Pour ce qui eſt du Royaume de Macazar, les Peres de cette Prouince reconnoiſſant combien ils y peuuent gagner d'ames à Ieſus-Chriſt, à canſe que le Prince teſmoignant beauconp d'amour aux Predicateurs de l'Euangile, s'il ſe conuertiſſoit vne fois, grand nombre de ſes ſujets l'imiteroiẽt; ils ſont reſolus d'y trauailler auec vne ferueur toute particuliere. Certes, quand ils n'auroient point d'autre motif de s'employer auec grand ſoin à cette Miſſion, que de voir qu'ils peuuent ayder par ce moyen les Catholiques qui ſont touſiours meſlez parmy les Hollandois, les Anglois & les Danois, qui y abordent tous les iours en tres grand nombre, celuy-là ſeul deuroit ſuffire pour les y determiner.

Quoy que nous n'ayons pas la liberté d'entrer dans Malaca, & d'y aſſiſter les Catholiques, ſi nous ne ſommes déguiſez, & ſi nous ne leur adminiſtrons les Sacremens dans le logis de quelque perſonne de noſtre confidence: Neantmoins on ne laiſſe pas d'y trauailler auec beaucoup d'auantage. En effet les Peres qui ont paſſé par cett eville en allant de Goa à Macao, y ont entendu les Confeſſions de plus de dix huit cens perſonnes, en douze iours qu'ils y demeurerent. Vn ſuccez ſi heureux nous a portez à deſtiner deux Peres pour y ayder les Catholiques d'vne Egliſe qui a eſté autrefois ſi floriſſante. I'y paſſay en venant en Europe, & y laiſ-ſay les deux Peres, qui eſtoient partis auec moy de Macao. Le Capitaine du vaiſſeau ſur lequel i'eſtois embarqué, me mena chez le Gouuerneur, qui me traitta auec beaucoup de ciuilité. Apres le diſner ie fus obligé de diſputer auec deux Miniſtres, ſur les queſtions controuerſes de la Religion. Nous y paſſames tout le ſoir; mais les Miniſtres teſmoignans qu'ils n'eſtoient pas ſatisfaits de cette premiere conference, me prierent de reuenir le lendemain pour recommencer. Cependant irritez contre le Gouuerneur de ce qu'il m'auoit permis de venir chez luy auec tant de liberté, ils en firent leurs plaintes à ceux du Conſeil qui s'eſtoient trouuez à noſtre diſpute,

& les presserent d'escrire contre luy aux Officiers de la nouuelle Hollande: Cela fut cause que le Gouuerneur m'enuoya prier de ne pas retourner en son logis, de peur d'irriter dauantage ces Ministres. Ie ne laissay pas toutefois de le voir auant que de partir, & dans la cõuersation que i'eux auec luy, il me tesmoigna qu'il ne les estimoit que pour la grande intelligence qu'ils auoient de la langue Latine, voyant bien qu'ils n'estoient pas veritablement sçauans.

Il ne reste plus qu'à parler de Macao, qui est le centre de toutes les Missions qui sont establies dans ces grands Royaumes: mais pour comprendre en peu de paroles tout ce que l'on en peut dire, ie n'ay qu'à remarquer que c'est de son College que sortent tous ces Predicateurs de l'Euangile, qui sont respandus dans le Iapon, dans la Cocinchine, dans le Tunquin & dans tous les autres Païs, dont nous auons parlé dans cette Relation. Ie finis apres auoir souhaitté, que ceux qui liront les combats de ces Chrestiens, soient animez par leurs exemples, à mener vne vie sainte & plus parfaite que n'est celle de la pluspart des hommes: qui font profession de la Religion Chrestienne: sans s'acquitter des obligations ausquelles ils sont indispensablement engagez, par ses Loix & par ses maximes.

FIN

NOus Lovis Cellot, Vice-Prouincial de la Compagnie de Iesvs dans la Prouince de France, Permettons à Florentin Lambert, Libraire à Paris d'imprimer ou faire imprimer, vn Liure intitulé. *Relation de ce qui s'est passé en l'année 1649 dans les Royaumes, où les Peres de la Compagnie de* Iesvs *de la Prouince du Iapon publient le Saint Euangile.* Fait à Paris le 10. Ianuier 1655. Lovis Cellot.